U0837968

陈业鹏　张继宗　王梦阳　编著

中国经济出版社
CHINA ECONOMIC PUBLISHING HOUSE

图书在版编目（CIP）数据

中山王/陈业鹏，张继宗，王梦阳编著. --北京：中国经济出版社，2023.10

ISBN 978-7-5136-7426-3

Ⅰ.①中… Ⅱ.①陈… ②张… ③王… Ⅲ.①帝王-生平事迹-河北-古代 Ⅳ.①K827=2

中国国家版本馆 CIP 数据核字（2023）第 161681 号

选题策划 汪 京 朱 江
责任编辑 彭 欣
特约编辑 常 桦
责任印制 马小宾

出版发行 中国经济出版社
印 刷 者 北京富泰印刷有限责任公司
经 销 者 各地新华书店
开　　本 710mm×1000mm 1/16
印　　张 19.25
字　　数 256 千字
版　　次 2023 年 10 月第 1 版
印　　次 2023 年 10 月第 1 次
定　　价 80.00 元
广告经营许可证 京西工商广字第 8179 号

中国经济出版社 **网址** www.economyph.com **社址** 北京市东城区安定门外大街 58 号 **邮编** 100011

本版图书如存在印装质量问题，请与本社销售中心联系调换（联系电话：010-57512564）

为中山王题

中華文明的縮影

文懷沙

前　言

定州有五千年文明史，我国第一部纪传体通史《史记》的首篇——卷一《五帝本纪》载：帝挚九年，封异母弟放勋为唐侯，都今定州唐城，由于治理有方，盛德闻名天下，塑造了一个历史上最早的文明古国——唐国。这是历史上定州第一次建都，距今已有 4382 年。战国时期，公元前 414 年“中山武公居顾（今河北定州）”，这是历史上定州第二次建都。“武公居顾”拉开了中山文化在定州延绵两千余年的序幕。战国时期的中山国，其国君称中山王。两汉在卢奴（今河北定州）置都，建立中山国，其藩主也称中山王。三国时期的魏和西晋沿袭汉制，在卢奴置国封王。晋朝之后，尽管不再置国，但直到明代仍以“中山王”为最高爵位传承于世。历史上最后一位中山王是明代贤相徐达，他因功高盖世而出将入相，其爵位已是一人之下、万人之上的魏国公了。在他于洪武十八年（公元 1385 年）辞世后，朱元璋悲痛不已，为了褒扬他的功勋，追封他为“中山王”。可见，“中山王”这个称谓意味着显赫与尊贵。

“中山国”和“中山王”成为中华民族独特的历史符号，孕育了区域特色浓厚的“中山文化”，具体体现为一马平川式的“安”或“平”的文化个性。我们知道，河北大地也称“燕赵大地”，而“燕赵自古多慷慨悲歌之士”。慷慨，乃是豪放彪悍的文化体现；悲歌，则是低回委婉的文化象征。而中山国位于燕赵之间，恰恰中和了燕赵文化的特质，形成不偏不倚的“安平文化”。中山文化是燕赵大地民族融合、文化互补的成果。

中山国的盛衰兴亡，中山王的贤愚善恶，都能给后世以借鉴。钩沉他们的史迹，传述他们的逸闻，回望他们的身影，是追溯中山文化之渊源、彰显中山文化之特质、弘扬中山文化之精粹的有效途径。

中山国在中华民族历史长河中的波澜起伏，不仅奠定了定州重要的历史地位，而且留下了丰厚、宝贵的文化遗产，是定州历史文化的重要组成部分，是定州历史文化底蕴丰厚的体现，也是河北历史文化的重要组成部分。

《中山王》一书共收录考古发现和史籍有记载的中山王 64 位，时间自周朝至明朝，纵亘1800多年。虽然自西晋灭亡之后，中山王不再拥有实质的政治权力，但是这方宝地仍然存在重要的象征意义，历代统治者都要选派忠贞不渝、文武双全、智勇兼备、德高望重的重臣镇守于此。“中山王”的称号，也成了被人们敬慕钦佩的荣誉，被各朝各代的执政者视为恩赐功臣、奖掖后进、激励楷模的精神法宝！

在本书收录的中山王中，通过对东周末年鲜虞中山国7位中山王的阐述，初步揭开了历史上中山国的神秘面纱。为了使读者详尽了解中山国的全貌，本书增设了“中山概览”一辑，在记述中山王的同时，也客观、真实地展示了历史真相，并附录了历代中山王及古定州执政者名录，希望对正确全面地了解我国古代社会历史有所裨益。

本书遵照史据编撰，以史实和政事为主，兼涉逸闻趣事，因而具有可研性、知识性、趣味性、可读性。在编撰过程中，编者也参考了今人的一些研究成果。书成之后，著名作家、中国作家协会副主席、天津市作家协会主席蒋子龙先生，著名历史学家、北京大学历史系党委书记王元周先生，诗人、画家、神州杂志社社长楚水先生，欣然提笔为本书作序；興翁先生为本书题写了书名；西北大学唐文化国际研究中心名誉主席、中国诗书画研究院名誉院长文怀沙先生为本书作了“中华文明的缩影”的题词，在此表示衷心的感谢。由于受史籍载文所限，本书存在纰漏和失误在所难免，诚望专家、学者不吝赐教。

编　者

序一

历史文学的核心：有中生新

蒋子龙

定州古地，处燕赵之间，古为争锋之疆，今披晋冀之锦；千里沃野，一马平川，物阜民丰，钟灵毓秀。尤令人瞩目者，乃历代中山国都城所在，兹事非广为人知，难称博闻。倘若概谈中山国如何称邦鼎业，详论中山王怎样传承更迭，恐怕茫然不知者众！

今有陈业鹏、张继宗、王梦阳先生编撰《中山王》书稿一册，内容远溯春秋，近追朱明，绵延纵亘1800余年，将中山诸王，凡64位，一一网罗。述其生平，记其事略，如此系统记述中山诸王著作，怕是天下第一。

此书以时间为序，由远及近。既独立成章，又体系俨然，如银线串珠，粒粒可数，不枝不蔓，严谨缜密。读来清晰顺畅，毫无阻滞。

此书文字大多平实，但也分明看到作者苦心孤诣地对文字的推敲淬炼。其间有娓娓道来，有倾情诉告，亦有夹叙夹议，不乏俚语村言，兼之诙谐调侃，时而俏言趣语，且用之得法，使之适度，平中有奇，奇中有绝，绝中有趣。

该书列举诸王事迹，非属戏曲小说，不容杜撰。在《中山王》里，我们看到的描述均有史料佐证与实物支撑，事件翔实。64位中山王，其作为行止，荣辱兴衰，善恶贤愚，穷通能庸，因果始终，皆条分缕析，朗朗在目。由于作者巧于构思，善于布局，精于裁剪，在叙事部分呈现言简意赅、脉络清晰、重点突出的鲜明特色。毋庸讳言，对于64位王者，有些用工笔描绘，精心渲染；有些用白描勾勒，仅有轮廓。相形之下，丰满多彩者有之，骨感苍白者有之。对此，我们不应过分苛求——史籍中仅有这点信息，作者不能无中生有，但可以看出，作者在有中生新，即尽力把那段远去的历史、人物展现得既是历史又是文学，既是原生态又显新姿态，这应是历史文学的核心吧！

依体裁论，《中山王》大致归于传记体例。其宗旨绝不只于让我们认识和了解中山国及其国王的由来与事件，更重要的意义在于对文化的发掘与传承。中山先王固然茫远，但他们所承载的文化气质却应薪火相传。文化乃是空气、阳光，无人能够游离其外而尸行孤存。中山先王大都独领风骚于一时，是文化的倡导者、践行者。品读《中山王》，亦即参悟中山文化；参悟中山文化，亦即追觅定州文化；追觅定州文化，亦即传承定州精神。

陈业鹏、张继宗、王梦阳先生不辞辛劳，于卷帙浩繁中沙里淘金，集腋成裘，聚沙成塔，集中山王之大成，为世人拂去历史烟尘，直面中山先王史迹遗踪。读者或玩味，或研读，或体察，相信各有所得。

书中所写64位中山王，或英魂，或忠魂，或冤魂，或恶魂、凶魂、丑魂、肮脏魂，皆应担当生前事，莫惧身后评。且请将此书视为祭品，伏惟尚飨。

（作者系著名作家，中国作家协会副主席、天津市作家协会主席）

序二

神秘中山国刍语

王元周

这是一部记述历代中山王生平简史的书，涉及许多历史重大事件。详读之后，觉得具有较高的史料价值，也不乏文学性、故事性和趣味性。这是一本凝重沉厚、鲜活生动的纪实作品。付梓之前，陈业鹏、张继宗先生盛情约我写些文字，作为序言。我很惶恐，但又却之不恭，只好放胆赘言几句。

由于史籍中的记载寥落，中山国的起源、族属、姓氏、都城、国君世系等诸多问题，长期扑朔迷离。直到1975年，在河北省平山县三汲乡意外地发掘出中山王陵，出土了大量文物和铸有铭文的“中山三器”，才部分揭开了中山国的神秘面纱。铭文记载，“惟朕皇祖文武、桓祖成考”，明白无误地列出了中山国君王的世系，表明了早期几位中山国君都是有作为的贤明君主。在中山䖸𧊒（zī cì）王太子圆壶铭文中，铸有“笃胄亡疆”字样，意为避免亡国之危，且语气沉重，反映出中山国是遭受过亡国之痛的。铭文中还有“率三军之众，以征不义之邦……辟启封疆，方数百里，列城数十，克敌大邦”，记述了举兵伐燕，大获全胜的史实。

有学者根据䥶（cuò）王鼎铭文判断，中山王姓“姬”。姬是周朝国姓，不是随便使用的。中山王的姬姓，是赐姓，还是同源？至今没有定论。

另外，铭文记载，“贤佐司马赒，而冢任之邦”，说明相邦司马赒是相当忠诚贤能的，先后辅佐了成王、䥶王、䖸𧊒王，史称“三相中山”。但是，《战国策》中称相邦为“司马憙”。《史记·太史公自序》中，确认先祖司马氏“相中山”，据此推断司马赒和司马憙可能是同一个人。但是也有学者考定司马憙是司马赒之子。䖸𧊒王时期，相邦司马憙弄权乱政，《韩非子·内储说下第三十一·权借一》载：“（司马憙）召敌兵以内除，举外事以眩主，苟成其私利，不顾国患。”这和铭文记载的贤相司马赒大相径庭。对此，史学界各执一词，莫衷一是。

还有，某些专家援引“丈夫相聚游戏，悲歌慷慨……为倡优。女子则鼓鸣瑟，站屣，游媚贵富，入后宫，遍诸侯”的记载，说明中山国民具有善于享乐的文化特性。但有的学者发现这一记载并不完整，中间还有“起则相随椎剽，休则掘冢作巧奸冶”的表述。因此，判断中山人为非作歹，轻佻浮薄。可见引据不同，结论殊异。更有人认为这段文字是针对赵国的，这也是需要澄清的一个疑问。

关于中山国的建立，史学界也是众说纷纭，其中有代表性的观点认为，中山国是由春秋时期活跃在太行山脉东麓、滹沱河一带的鲜虞国更名而来的。另一种观点认为是陕西榆林一带的白狄族鲜虞部举部东迁，创建了中山国。一致的观点是：中山国是一个游牧民族创立的国家。《中山王》中采用了“鲜虞东迁”的说法，我认为理据更为充分。

总之，《中山王》从“白狄始来”到赵国“破中山，其君亡，竟死齐”的撰述虽然有个别事件尚悬而未决，但绝大部分史实是得到“中山三器”铭文和其他史籍支持佐证的。

以上，我把笔墨重点用在了对战国时期中山国的粗浅认识和某些争议上，因为这个时期的中山国仍然存在太多谜团，希望就此和作者以及各位专家学者商榷、探讨、学习。至于战国以后各个朝代的中山王，历史记载比较完备，书中也有翔实客观的叙述和说明，无须我再饶舌。

文章千古事，甘苦寸心知。在此，谨向陈业鹏、张继宗、王梦阳先生的艰辛付出致以诚挚的敬意！

（作者系历史学家，北京大学历史系党委书记）

序三
定州恢复中山国古都的国家战略能力

楚　水

占地2400多亩，投资66亿元，涉及1700多户市民拆迁的定州市恢复中山国古都的建设工程，在北方甚至全国，如此浩大的古城恢复工程尚属首次。据说，原来闻名全国的西安唐明皇宫恢复工程已经被叫停了，而定州却以小城能扛大鼎之力，相对迅速地恢复起这座被隐没在历史近千年的中山国古都，确实并不容易。我有幸参加了前几天在定州举办的文化论坛，群星荟萃，各抒己见，让人深受教益。然而在受益匪浅之后，仍不免疑惑或迷茫，那就是如此大动作下的国家战略能力是什么？又该如何表现才能使之成为国家战略呢？这个问题值得思考。

国家战略能力并不等同于国家战略，这是中国人民解放军军事科学院多年来一直在研究的一个战略课题，简单地说，就是建立在国家综合能力之上的国家软实力和国家硬实力的联结，正如《孙子兵法·谋攻》所云“不战而屈人之兵”，是一个国家人文环境对外界环境的客观影响，可谓“善之善者也”的上善之策，当然也是一个国家战略在现实生活中的切实体现，是一种社会风尚，如同2015年9月21日中共中央、国务院印发的《生态文明体制改革总体方案》一样，是中国从经济大国走向文化强国的一种必然趋势与策略。

那么，定州市恢复中山国古都旧城原貌的核心竞争力是什么？又是如何形成自己的战略能力，甚至是国家战略能力的呢？记得我第一次到定州是在1980年的暑假，那时候定州市还叫定县，是保定地区一个能通火车的县，定县火车站是一个大站。那一年我12岁，独自一人去北京看望帮着大姐带小孩的母亲，需要在定县转乘开往北京的火车。当时只记得火车站很巍峨，站前的广场也非常宽阔。而这次离开定州时，我特意故地重游了一次，毕竟35年了，昔日宽阔巍峨、辉煌如定县名片的火车站早已被隐没在历史的尘埃里了，落寞地无精打采地站在那里，像一位被打入冷宫的皇妃。这35年来，我也应该去过几次定州吧，但说心里话，对定州的印象始终是不清晰的。这次随团参观，我也一直在努力地寻找中山国的核心文化究竟应该是什么。难道是东汉400年以来自给自足的农耕文明？若仅就此而言，也显得比较零碎，不够系统。定州市政协主席兼常务副市长陈业鹏，是一个爱学习、善于思考且容易有所心得的人，他以不躁、不急，耐得住的态度对待中山国的文化认知，在接地气之余，主要表现在做人的修养与修行上，虽然是一个领导干部“三言三实”的具体体现，但还不足以体现一个区域的国家战略能力。那么，究竟应该是什么呢？这恐怕是一时间难以回答的大课题。

自媒体在改变着人类的生活，也在解决着诸多困惑着人类的难题。也就是说，人的脑力劳动社会化了，前天刚刚写完“定州恢复中山国古都的国家战略能力”的题目，就立刻与北京大学张岱年先生的得意弟子、《孔子传》作者杨佐仁先生产生了某种分歧。杨先生从来都是站在国家大文化的观念上看待问题的，现将其观点附上，或许也是某种启迪：“河北以文化论有三大文化至今沉默：一是以涿鹿阪泉两次大战到融合的根祖文化。上溯有涉县女娲，下有唐河顺平县尧文化。二是以扁鹊秦越人，至邳彤安国公，至刘河间（完素）为贯通的中医药文化。三是以荆轲燕赵义士，至以刘备、关羽、张飞、赵云为代表的大义献身文化。”

其实，这极有可能就是破题点睛之笔，以定州恢复中山国古都为契机，带动根祖文化、尧文化、中医药文化、大义献身文化，这不正好可以形成恢复中山国古都旧貌的国家战略能力吗？甚至有可能上升为国家战略。这次习近平主席在联合国纪念大会上的讲话，引起了全世界的普遍欢迎与好评，这是领袖个人的人格魅力。说实话，我们国家与文化强国的距离还很远，所占全世界文化产品进出口的份额远不及美国，甚至不及亚洲的韩国和日本。因此，从领袖的个人魅力提升为一个国家、一个民族的影响力，还需要一个过程。也许定州恢复中山国古都的过程，就是一个民族重新寻找道德自信、文化自信的开始。当然，也是国家战略能力的形成过程。这对大家来说，是一种期待。

相信定州人民！

相信定州文化的国家战略能力！

（作者系中国通俗文艺研究会代会长）

目录

Contents

第一辑　中山概览

第二辑　战国中山王

第三辑　西汉中山王

第四辑　东汉中山王

第五辑　魏晋中山王

第六辑　西晋后的中山王

第七辑　附　录

第八辑　中山王之外的“中山王”

第一辑　中山概览

中山国称邦鼎业、兴衰更迭的概况，在诸王撰述中已隐然涉述。中山国曾是战国时期8个称王诸侯国中唯一的千乘之国，纷争于世200余年，鼎盛时疆域方圆500里。定州顾城曾是中山国的都城。周末中山国消亡之后，两汉和魏晋相继在卢奴（今河北定州）立都置国。中山国叱咤屹立天地间，斗转星移2000余年，在历史上抒写了绚丽的篇章，在燕南赵北形成了独具特色的中山文化，使定州成了中国历史上北方的一个政治、经济、军事、文化中心，成了中山文化重要的发祥地。为全面清晰地展现中山文化的内涵及特征，更好地传承中华优秀传统文化，本书增加了“中山概览”一辑，以达“见微知著”之果。

古中山国碑

中山定州　六国古都

定州是古中山国的都城，提起“中山国”几乎是尽人皆知，但“中山国”在定州的详尽历史，恐怕知之者甚少。实际上，在我国历史上有四个朝代都有“中山国”这个国名，而且这四个朝代的“中山国”都曾在定州建都。一是周末春秋战国时的“中山国”，《中国全史》载：“中山国都初在顾（今河北定州），后迁灵寿。”二是两汉“中山国”，《汉书·佞幸传》载：“中山：汉诸侯王国名，都卢奴（今河北定州）。”《史记·货殖列传》也称“中山国本赵地。景帝三年，为中山国，都卢奴，有县十四……卢奴：今定州治也。”三是曹魏“中山国”。四是西晋“中山国”。其中，周末“中山国”是诸侯国，其余均为藩国。可见，从周末“中山国”于公元前506年在唐县的中人城初建，到公元292年西晋“中山国”除国，绵亘在华夏历史长河中近八百年。

定州之史，史册最早见载于五帝时：帝挚九年封异母弟放勋为唐侯。曹能始《名胜志》载：“唐城在定州北十里，尧封唐侯于此。”《读史方舆纪要》曰：“尧帝受封于唐城，在州东北十五里，亦曰尧城。相传尧尝都此。”到了东晋十六国时期，鲜卑族人慕容垂在定州建立了燕国（史称“后燕”），后燕国国土占据着半个中国北方，尽管不称“中山国”，但那时的定州仍称“中山”，故《中国通史》和《中国全史》都称“公元386年，慕容垂自立为皇帝，‘定都中山’（今河北定州）”。

综上所述，显然定州是唐尧故国，春秋战国、两汉、魏、晋时期的中山国及后燕国的“六国古都”。

中山国：都城的变迁

一是周末时期的中山国。公元前555年白狄鲜虞迁移到太行山脉以东后在正定新城铺建国，史籍称“鲜虞”。公元前506年，鲜虞迁都唐县“中人城”，因城中有山，故名“中山”。“中山”之名在史籍中始见。公元前457年至公元前414年，中山国被赵国、魏国所控制，名存实亡。公元前414年，中山武公在顾邑（今河北定州）立国。公元前378年（《灵寿县志》），桓公将国都迁往灵寿城（今石家庄灵寿县）。公元前296年，为赵国所灭。可见，周末鲜虞的中山国在太行山脉以东今河北境内立都四地，以“中山”为名的都城有“中人”（今唐县）、“顾邑”（今定州）、“古灵寿”（今平山）三城。

二是西汉时期的中山国。西汉初，汉高祖刘邦置中山郡。公元前154年，汉景帝刘启将中山郡改为中山国，以卢奴为都城，即现在的河北省定州市。公元8年，王莽篡汉称帝，中山王被贬为中山公，除国。西汉时期的中山国历10代，王系终结。

三是东汉时期的中山国。公元25年，汉光武帝刘秀复立中山国，都卢奴。公元175年3月，中山王刘稚死后无子，东汉时期的中山国历7代，中山王至此被彻底废除绝亡。

四是曹魏时期的中山国。公元232年，魏王曹丕沿袭汉制设立中山国，都卢奴。公元265年废中山国。

五是西晋时期的中山国。公元265年，晋武帝司马炎在卢奴置中山国。公元292年，中山被除国。

中山国：变换的疆域

一是周末时期的中山国。正式立国之后，其疆域处在不断变化中，总趋势是在不断“创辟封疆”，向外扩展。鼎盛的譽王时代最为辽阔。

北部疆界：春秋晚期至战国早期中山复国时，它的北部疆界一直在河北唐县境内。公元前459年至公元前457年，中山国的北部疆界向北扩至河北易水两岸以北。赵国灭中山国之前，中山国的北部疆界又退至今河北唐县境内。

南部疆界：公元前6世纪白狄东迁华北大平原时，鲜虞部活动在今河北中部正定、平山、定州、唐县、曲阳一带，后来扩张到了阳樊、温、原、欃茅（今河南辉县境内）等地，再后来扩张到邯郸、赵县一带。公元前305年，中山国的南部疆界一直稳定在房子、鄗邑一带［古槐水（今槐河）沿岸］。

东部疆界：最初在定州邢邑，后来东扩到深县、宁晋、冀县、无极一带。

西部疆界：山西盂县，河北赞皇、井陉、平山、灵寿、阜平一带。

二是西汉时期的中山国。它是一个郡国级的政治实体。中山国的疆域西倚太行山脉，南踞滹沱河，北至易水，东至安国、蠡县，方圆数百里。当时辖区14县：卢奴（今定州）为首府、北平县（今满城北）、唐县（今唐县东北）、深泽、苦陉（今定州邢邑）、安国（今安国东南）、曲逆（今顺平东南）、望都、新市（今正定境内）、安险（今定州固城一带）、北新城（今徐水）、毋极（今无极）、陆城（今蠡县）、新处（今定州境内）。

三是东汉时期的中山国。领13县：卢奴、安熹（今河北定州）、汉昌（今定州邢邑）、蠡吾（今博野西）、安国、毋极、新市、上曲阳、望都、唐县、蒲阴（今顺平东南）、北平（今满城北）、广昌（今涞源）。

四是曹魏时期的中山国。领9县：卢奴、北平、广昌（今涞源）、唐县、望都、魏昌（由汉昌改称，今邢邑一带）、蒲阴（今顺平）、安熹、新市。

五是晋代时期的中山国。领8县：卢奴、北平、新市、唐县、望都、魏昌、蒲阴、安熹。

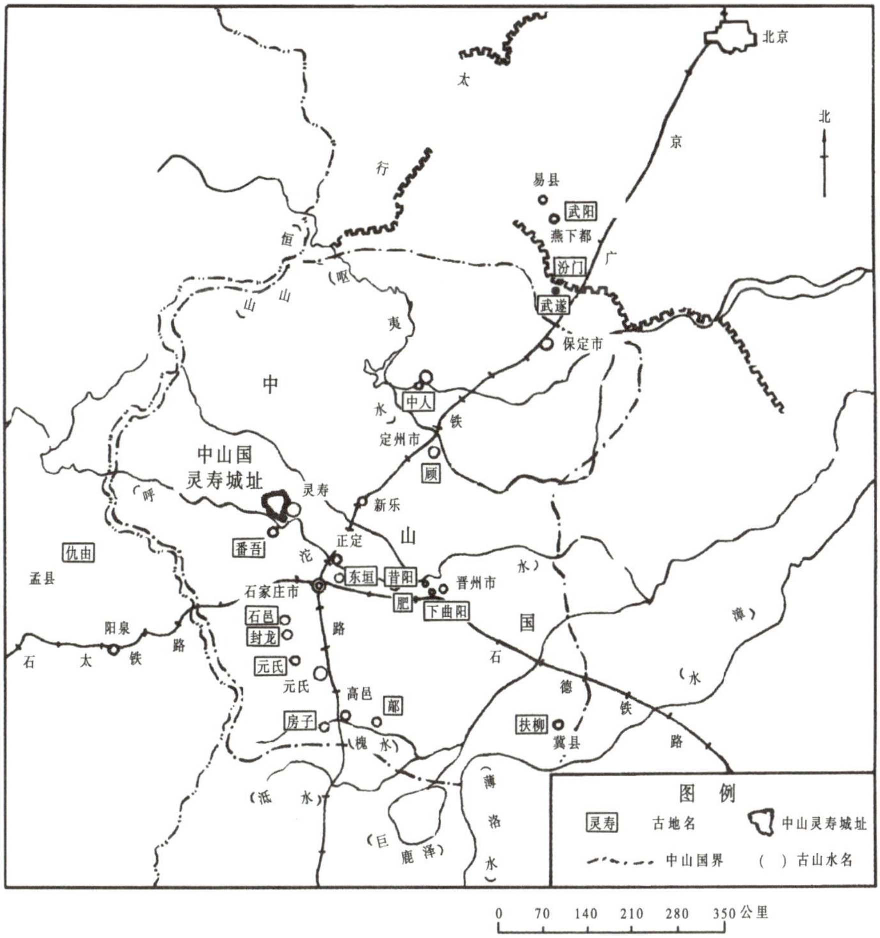

战国时期中山国疆域

（资料来源：程雪莉《故国中山》）

中山天下重

“中山天下重”是北宋著名政治家、文学家、军事家、教育家范仲淹在《阅古堂诗》中作为首句对域位冲要的定州之称。纵览定州之史，最早见载于五帝时。曹能始《名胜志》载：“唐城在定州北十里，尧封唐侯于此。”清道光年间的《直隶定州志》载：“陶唐属冀州为唐侯故国，又按文献通考，定州为帝尧始封之国。”可见，定州之史与华夏五千年文明史同根同源，同步传承发展。追本溯源，定州可谓“华夏祖根”。定州历来为“九州咽喉地，神京扼要区”，被历朝统治者视为安邦定国、建立政权、巩固政权的基石。“语其地势”，史籍中俱有确切详尽的载述。

“州凭镇、冀之肩背，控幽、燕之肘腋。关山峻阻，西足以临云代。川陆流通，东可以兼瀛海。语其地势，亦河北之雄郡也。”［五帝］“尧帝受封于唐城，在州东北十五里，亦曰尧城。相传尧尝都此。”［战国］中山“武公居顾”。“昔者中山虽小，犹颉颃于九国间。赵武灵王得中山，遂却燕伐胡，辟地千里。”［秦］“秦既灭赵，使王翦屯中山以临燕。”［前汉］置中山国，政权稳固升平。［后汉］“光武定河北，以中山为驱除之始”。“耿弇驰谒大司马秀于卢奴……拔卢奴，移檄边郡，共击邯郸。”［后燕］“慕容垂之复燕也，规中山险固，从而都之。”［北魏］燕、魏拼争，胜者统安天下。“拓跋氏随而覆之，天关、恒岭视为坦途。中山被兵，河北州镇，悉折而入于魏矣。魏知山东之势，系于中山，因建行台于此。南救河济，必先集中山。盖中山之去云、朔，仅隔一陉，从高而下，势若建瓴。既至中山，则出险就平，驰突较易。魏末之乱，发于六镇，浸淫至定州，而相、魏以北，皆为糜烂，岂非河北之安危，恒视中山之得失哉?”［东魏］“自东魏以迄周、隋，定州皆为重镇。”［隋］大业九年（公元613年）闰九月，隋炀帝巡幸至博陵（今定州）时谓侍臣曰：“朕昔从先朝，周旋于此，年甫八岁，日月不居，倏经三纪，追惟平昔，不可复希。”冬十月，隋炀帝又诏曰：“博陵昔为定州，地居冲要，先皇历试所基，王化斯远，故以道冠《豳风》，义高姚邑。朕巡抚氓庶，爰届兹邦，瞻望郊廛，缅怀敬止，思所以宣播德泽，覃被下人，崇纪显号，式光令四绪。可改博陵为高阳郡。赦境内死罪已下。给复一年。”于是召高祖史时故吏，皆量材授职。[唐] 唐握扃钥，设大总管府（统领河北，州三十三）。突厥凭陵定州，每虞侵轶。裴行俭曰：“欲固河北之藩垣，先绝云、蔚之窥伺；欲绝云、蔚之窥伺，先壮定州之扃钥。”[宋]“亦以定州为边陲重镇，与关南真、定犄角，以御契丹。”宋相富弼《定州阅古堂诗》说：“天下十八道，惟河北最重。河北三十六州军，就其中又析大名府、定州、真定府、高阳关为四路，惟定州最重。定为一路治所，实天下要重之最。知是州者，兼本路兵马都部署，居则治民，出则治兵，非夫文武才全，望倾于时者，不能安疆场、屏王室也。”宋范仲淹《阅古堂诗》：“中山天下重，韩公兹镇临。”[金]“女真覆宋，则争中山。”[元]“蒙古亦力战于中山。州居燕、代、恒、冀之交，诚自古必争之地。况控临雄关，襟带畿辅，而可泄泄视之乎？”[明] 明太祖对定州统帅平安（明太祖养子）说：“定州是我国的北方门户，把它交给你防守，你要努力。”平安到定州以后，准备把生命献给国家，并暗中把自身比作北门的锁钥。

可见，史籍所载及历代统治者所云“扃钥重地”“北方门户”“陲之巨防”“地居冲要”“中山险固”“建隋之基”“冀之肩背”“河北之雄郡”“惟定州最重”“实天下要重之最”，皆阐明了“中山天下重”的真实域位价值的内涵。综述诗曰：

华夏五千年，中山天下重。尧帝封唐国，武公列八雄。
秦皇临燕地，西汉靖王宫。光武复汉始，魏晋袭都城。
慕容称帝业，北魏行台厅。杨坚创隋基，唐疆扃钥屏。
宋辽边陲境，女真筑金营。元蒙争雄关，巨防固明清。

中山国的缔造者：白狄鲜虞部落

在叙述中山王之前，我们首先要明确是什么人缔造了中山国。为了追本溯源，必须提及一个民族——“狄”。她是我国最古老的民族之一。《春秋》《国语》《史记》等典籍记载，狄族中已组成三个较大、较强的部落集团：赤狄、白狄和长狄。此外，还有被《左传》称为“众狄”或“群狄”的氏族部落。其中，白狄中有鲜虞、肥、鼓、仇由等各部族。

狄和鲜虞公元前774年初见于史籍，其部族聚居太行山脉以西。公元前555年，白狄的鲜虞部族首领率部东迁，定居今河北正定新城铺。白狄东迁后在史籍中消失，由于鲜虞比其他附属各部都强大，便以“鲜虞”之称统领各部。

公元前506年，鲜虞人从正定新城铺迁都至中人城（今河北唐县境内），改称“中山”，从此“鲜虞”“中山”常见于史册。由此可见，历史上最早的中山国，是由白狄的鲜虞部族缔造的。

考古发现，最早的中山王是中山文公，其后依次是：武公、桓公、成王、䁲王、𡜼蚉王、尚（胜）王。公元前406年，魏国占领中山顾城，魏属中山有两代中山王：魏击、魏挚。周末时期的中山国共产生中山王9位。从公元前774年狄和鲜虞初见于史，到公元前555年白狄的鲜虞部族举部东迁，已经绵亘了219年。这一阶段的史实缺少记载，既不知君主世系，时显时消的活动和事件也是扑朔迷离，令人无限迷茫。从公元前555年“白狄始来”，到公元前432年文公被推上王位，也已延续了123年。由于“只见纷争于世，未载其王姓名”，因此同样得不到有据可考的君主信息。如此一来，文公之前的所有君主都成了不解之谜。但是，“只见纷争于世”，毕竟留下了与之相关的历史信息。透过一鳞片爪、星星点点、斑驳残损的历史痕迹，我们能够发现中山先王留下了怎样的遗踪呢？

鲜虞始建古中山，四都七王争世间。
魏居顾城三代治，绵亘二百六十年。
亡而复兴千乘国，跃居八雄辉煌篇。

文公之前：历史遗踪

鲁襄公十八年，即公元前 555 年，“白狄始来”。这是太行山脉以东出现白狄的最早记录。公元前 530 年，即鲜虞人举部东迁，在今正定东北的新城铺立都建国 20 余年之后，晋国开始了对鲜虞的攻击，致使鲜虞遭受了“失地灭族”的惨痛创伤。

当时的鲜虞是怎样一种政治形态与军事格局，又是如何被晋国军队击败的呢？

白狄东迁以后，由于鲜虞部最强，组成了以鲜虞为主的联盟式国家实体，先秦典籍中已不再见“白狄”的名称。附属于鲜虞的肥部，居住在今河北晋州西北；鼓部在今河北晋州以西；仇由部在今山西太原盂县；鲜虞部在今河北正定东北的新城铺。这是当时的基本形态与部族格局。这样在无意间给晋国实行“各个击破”策略提供了可乘之机。

晋军统帅以率军东下与齐国会盟为名，向鲜虞提出借道的要求，由于鲜虞缺少应有的警惕，结果导致晋军举大军攻入昔阳（今河北晋州西），肥氏的首领因毫无防备而被灭。

次年，即公元前 529 年，晋军再次向鲜虞发动进攻，爆发了中人之战。由于鲜虞人的麻痹大意、疏于防备而再次招至惨败。

事隔 9 年，即公元前 520 年，晋国又灭了居住在今河北晋州以西的鼓氏。这样，晋国连续灭了鲜虞的肥、鼓两部。鲜虞的实力被削弱。

晋军的不断攻伐点燃了鲜虞人固有的英勇，他们痛定思痛，愤然而起，开始了顽强的抗争。公元前 507 年，鲜虞氏发起了对晋国的雪耻之战。鲜虞军与晋军激战于平中（今山西大同云州东），鲜虞军大获全胜，并俘虏了晋国的大将观虎，报了晋军灭肥、鼓，败鲜虞于中人城之仇。

公元前 505 年，晋国发起了报复鲜虞中山平中“获观虎”的战争。关于这次晋围鲜虞中山的战况和结果史籍虽无载，但综合分析当时的情况，晋国应该是出动了主力和精锐部队。而中山本属小国，连遭晋军数次重创，先后失去肥、鼓两部，又遭中人败绩，虽然取得平中大捷，但耗费了举国之力。面对倾国而来的晋军主力，中山国无疑又遭到了惨痛的打击。

公元前497年，晋国内部六卿发生了内讧，矛盾双方展开了惨烈的厮杀，政局动荡，自顾不暇。这对中山国来说，是趁势崛起的天赐良机。于是，中山国出兵与齐、鲁、卫共同南下伐晋，一举攻取了晋国的棘蒲（今河北赵县境内），并将之列入中山国的版图，由此揭开了固基扩土的崭新一页。

中山国多次与华夏诸侯国一起干预晋国内乱，可见当时中山国的国力已经强盛起来。中山国首领俨然以诸侯的姿态与齐、卫等国一同参与了列强的纷争，由此引起了晋国的敌视。

公元前489年春，晋大夫赵鞅“率师伐鲜虞”。这次进攻对鲜虞中山国的打击是毁灭性的，以致此后20余年间，史籍对中山国没有文字记载。其后，晋国又把矛头指向中山国的最后一个属国——仇由国。

晋国的智伯（名荀瑶）诡计多端，他知道仇由国路险难行，就新铸了一口大钟，诡称要送给仇由国国君。于是，仇由国“斩岸堙溪”扩修道路，以迎接此大钟。仇由国的臣相赤章蔓看透了荀瑶的诡计，多次劝阻国君。当时，钟、鼎乃是国家重器，仇由国国君因得钟心切而不听劝阻。仇由国将大钟迎回之后，晋军突至，仅经过7天就被灭。

鲜虞中山的肥、鼓、仇由被晋国灭亡之后，晋国开始进攻中山国本土。公元前457年，晋国攻取了“穷鱼之丘”（地名，《水经注》认为涞水所经之射鱼城即穷鱼之丘），中山国在此战中丧失了“穷鱼之丘”这片领土。

从公元前555年“白狄始来”在正定新城铺建国，至公元前506年更名“中山”，鲜虞建国49年；从公元前506年“中山”之名在唐县中人城始见，到中山文公于公元前432年为中山王，中山国历经74年，加上鲜虞建国49年，这个历史阶段共计123年。120多年间，鲜虞中山在春秋战国时期跻身于激烈的群雄争霸之林，立足刀光剑影之中。一个区区小国承受四面包围的强大政治军事压力，中山国由衰而盛、盛而又衰，几经沉浮却未亡灭，令人肃然起敬。究竟是谁领导他们走过了这段非同寻常的历史征程呢？我们只知道，考古有据的中山王是中山文公，而文公之前的中山国不可能无王。但是其王何名，世系几位？由于史料无载，因此文公之前的中山王均被湮没于历史长河中。

鲜虞迁徙太行东，
披荆斩棘势凶猛。
首领名姓史未载，
王国神谜貌朦胧。

古衙门前“古中山国”字样

鲜虞中山国君世系

由于司马迁对鲜虞中山国在《史记》中涉述极少，因此被史学界称为“神秘的王国”。其君王世系更是扑朔迷离。尤其对于武公的身世，史学界有“西周桓公之子”和“古鲜虞国，姬姓”两种说法。在编撰《中山王》的过程中，为了追觅历史的真貌，不得不详探史籍进行一次认真的考究。《史记·赵世家》载：“十年，中山武公初立。”集解徐广曰：“西周桓公之子。桓公者，孝王弟而定王子。”索隐按曰：“中山，古鲜虞国，姬姓也。系本云中山武公居顾，桓公徙灵寿，为赵武灵王所灭，不言谁之子孙。徐广云西周桓公之子，亦无所据，盖未能得其实耳。”

从《史记》这段载文看，第一种说法的观点是徐广在集解曰：“西周桓公之子。”而忽略或是不认同下面“索隐按”所载的观点。第二种说法是“索隐按”所曰。显然，“索隐按”否定了徐广云“西周桓公之子”的说法。

对于这个问题，1974 年从平山的中山王礨墓中发掘出土了“中山三器”。据张守中《中山王礨文字编》称，在方壶的铭文中有“惟朕皇祖文武、桓祖、成考，是有纯德遗训，以施及子孙用，惟朕所仿”的记载。在圆壶的铭文中有“胤嗣礨敢明扬告”这样一句话。

史学家和学者们经过研究，认定方壶铭文中的文、武、桓、成是做器者的祖先谥号，即中山王礨之前中山国君的谥号。圆壶铭文中的𡣕盗是墓主中山王礨的继任者。这样，除文公以前的正式国君不见文献和铭文记载外，文、武、桓、成加上中山王礨和继任者𡣕盗，以及此后被赵武灵王灭掉的末代中山国王胜，就构成了战国时期的中山国完整的君王世系，即文公—武公—桓公—成王—王礨—𡣕盗—胜（尚）。失传了几千年的中山王世系有幸通过“中山三器”得以保存和复原，并有了明确的定论，实为学术界一大幸事。

对中山国君的世系与年代的对应关系，学术界见仁见智。据段连勤的《北狄族与中山国》一书的研究界定是：

第一世文公，约终于公元前 414 年；

第二世武公，初立于赵献侯十年（公元前414年）；

第三世桓公，既是亡于魏国的中山之君，其灭亡之年为公元前406年，又为公元前381年“中山复国”之君，其在位年代约为公元前406年至公元前353年；

第四世成王，其在位年代约为公元前353年至公元前328年；

第五世王𰯼在位年代约为公元前328年至公元前308年；

第六世𡙧䖵在位年代约为公元前307年至公元前296年；

第七世胜是亡国之君，被赵国灭于公元前295年，大概在位只有几个月。

以上中山王的在位时间中，中山王𰯼的争议最大。例如，尚志儒的《试论平山三器的铸造年代及中山王𰯼在位时间——兼与段连勤同志商榷》一文提出不同看法，认为公元前322年𰯼即位，公元前309年𰯼去世；孙雅雏的《中山王𰯼鼎、壶的年代史实及其意义》一文认为中山王𰯼于公元前327年或公元前326年即位。

定州署谯楼“中山天下重”牌匾

第二辑　战国中山王

西周末年，宫庭内乱。诸侯争雄，伐狄扩边。白狄鲜虞，艰难东迁。首居正定，后迁唐县，中人为都，始称中山。建国之岁，前505年。立足未稳，被晋攻占。赵氏控国，魏斯分半，扶君文公，复设中山。屈为傀儡，卧薪尝胆，育子武公，居顾鼎天，复兴之庚，前414年。武卒桓继，魏攻中山。吴起乐羊，三载轮战，顾城失陷。魏治中山，二十五年。击挚牟王，三代相传。桓公驱魏，再复中山，固城储粮，强军备战，战车千乘，鼎盛空前。帅师攻赵，收疆复边，灵寿番吾，数城征还。桓公迁都，灵寿平山。历系诸王，宏图大展。成王围鄗，雄逐中原。譽君称王，八雄踞磐。妱蛮失国，赵灭中山。暮霭胜王，肤施西迁。八雄中山，从此殒烟。

战国时期的中山国是由我国最古老的民族之一——北狄族的一支白狄鲜虞部族建立的。从公元前774年史籍初见，到公元前296年被赵国所灭，长达478年，几乎绵亘春秋、战国时代。经历了邢侯博戎（狄）、早期鲜虞和建立中山三个历史阶段。最初为狄国（高绣在《战国策》中称为“狄国”），《东周列国志》称“翟（dí）国”。公元前506年，鲜虞人在有险可守的中人城（今河北唐县西北委粟山）正式建国称“中山”，到公元前296年灭国，历经210年。其中，从公元前414年武公居顾（今河北定州），到周烈王八年（公元前378年）桓公徙灵寿，中山国的都城居顾含魏治中山达37年，在中国北方一直是一个很有实力的强国，曾与战国七雄共同称王。

关于战国时期的中山国，史学界虽在诸多问题上存在分歧，但中山国在历史上的客观存在是不容置疑的，它是由白狄鲜虞部族所建是诸多史籍明载和公认的。由于史籍记载极少，又缺乏有力的出土文物考证，因此在研究中专家们仁者见仁、智者见智，各抒己见，使“神秘王国”逐渐清晰地展现在人类历史的画卷中。

定州署戒石坊“天下为公”字样

中山文公

灭虢吞虞未息兵，
柔秦败楚霸威成。
文公徒欲三强服，
分晋原来是六卿。

文公：中山复兴的火种

文公是鲜虞族人的后代，称王前一直默默无闻，是怎样的历史激流将他推上了王位，肩负起播撒复国火种的历史使命呢？

公元前 457 年，晋国派新稚穆子率领大军，对迁居到唐县中人城的鲜虞中山国大肆攻伐。鲜虞人虽誓死抵抗，但终因寡不敌众而溃败，晋军趁势追击，如入无人之境，仅一日内便占领了左人（今河北唐县境内）和中人（今河北唐县境内）两座城池。鲜虞无力抗争，只好听任晋国摆布，中山国沦为晋国的“奴仆之国”。

公元前 453 年，韩、赵、魏三家联合起来瓜分了晋国的领土，史称“三家分晋”。韩、赵、魏三家结成联盟，统称“三晋”。三晋中的赵氏首领赵襄子，乘晋国内讧之机进驻了中人城，抢先控制了中山国。包括文公在内的中山子民，又成了赵氏的“亡国之奴”。

后来，魏氏逐步强大，魏氏首领魏文侯便向赵襄子提出了要瓜分中山的强硬要求。赵襄子便召集群臣商议，谋臣唱庄谈向赵襄子献计说：“魏氏如果得到中山国，那么对我们赵氏来讲是十分不利的。我们为何不请魏文侯的女儿公子倾做中山王的妻子，让她当上中山王后，这样也使中山复立了。”

经过一番利弊权衡，赵襄子采纳了唱庄谈的建议。魏文侯十五年（公元前 432 年），赵襄子在鲜虞族的后裔中，挑选了一个傀儡将其立为中山国君，让魏文侯的女儿公子倾坐上了国君正妻王后的位置，并让其享受至高无上的王后待遇。赵襄子这一着高棋，果然使魏文侯产生了错觉，以为女儿当上了中山国王后，自己就得到了半个中山国，可以和赵襄子共同控制中山国，等于实现了瓜分中山的目的。这样，魏文侯与赵襄子的矛盾暂时得到了缓解。

这个傀儡国王，就是中山王嚳墓出土的“中山三器”的铭文中记载的第一代中山君王——文公。

在中山王嚳墓出土的“中山三器”的铭文中，可以窥见中山文公在强大的赵、魏管控、钳制之下，身处山河破碎、族民流离的患难之境，屈为有职无权的傀儡之王并没有萎靡颓废，而是胸怀复国大志。在赵、魏的严密监视下审时度势、忍辱负重、卧薪尝胆。他在与魏文侯的女儿公子倾结合之后，生子武公。他利用魏文侯驸马的身份，巧妙地周旋于赵、魏的监控之间，把复国的希望寄托在儿子身上。他精心培养武公，敦促其博览群书，总结历代兴衰的经验教训，汲取治国安邦的精髓要领。同时，给武公讲述中山国先王的奋斗历程。每当讲到强盛之时，文公便慷慨激昂道："伟哉！壮也！"而在讲到衰微之时，文公便痛心疾首道："哀哉！悲也！"言及当下的卑微处境，文公神情肃穆，壮怀激烈道："苟不复国，莫如死焉！"经过文公有目的的悉心培育，武公的治国智慧被开启，复国雄心被激发，成为复国、治国的贤才。与此同时，文公和武公一起避开赵、魏的监视，选在距离都城较远、鲜虞族民散居较多的顾城一带，收容遗民，凝聚人心，集结势力，撒播下足以燎原的星星之火，为中山复国奠定了基础。文公对中山复国起到了重大作用，获得了后人极大的尊崇，因此被后裔追谥为"文公"。

中山文公忍辱负重，大约在公元前 414 年（或稍往前在公元前 432 至公元前 414 年），死于中山国都城中人城，在位约 18 年，传位于儿子中山武公。虽然史籍上没有留下中山文公的执政业绩，但就其播撒复国火种的作为来看，其功勋应该不逊于后世诸王。

定州贡院

中山武公

猛兽来兵只为文，
岂宜凉德拟图尊。
君看豹彩蒙麋质，
人取无难必不存。

武公：选居“顾邑”（定州）

武公即位后，铭记父训，继承父志，继续暗中结交、集结鲜虞族的残余势力，亲善、团结当地族民，培植亲信，积蓄力量，避开赵氏的监视，于暗夜里操练兵马，以狩猎之名做实战演习，动员鲜虞族民储备粮草，隐招工匠打造兵械，积极谋划中山国的复国大计，以待时机成熟时举兵兴事，实现光复中山国的夙愿。

公元前425年，赵国国君赵襄子死后，为争夺国君之位，赵国发生了长达几年的内讧，造成国体动荡，朝局混乱，政事荒废，经济萧条，国势颓衰，动摇了赵氏的统治地位。其在自顾不暇的困境中，对于处在自己腹地的中山国的管控就十分松懈了。

赵国如此，还有魏国呢？当时的魏文侯进行了政治改革，使魏国发展成了势力最强大的国家，魏国由此开始对外扩张。从公元前419年开始，魏国与秦国连年展开大战。而齐国为削弱魏国的实力，也不断对魏国用兵。魏国既要征秦，又要抗齐，对于隔着赵国而兼管的中山国更是顾之不及。

与此同时，“三晋联盟”也出现了裂痕，赵国与韩国互相敌视，双方都想借助魏国的兵力来讨伐对方。魏国称赵国、韩国皆为兄弟，两头不得罪，结果惹得赵国和韩国都怀疑魏国倾向于敌手，大骂魏国不够义气。

这种外部环境，对于被赵国、魏国控制多年的中山国而言，等于获得了独立自主的空间。武公敏锐地意识到：赵氏内乱，赵、韩互敌，魏国无备，其他各诸侯国都全神贯注其他利益、各有所图，正是复国雪耻的最佳时机。武公果敢地高擎起复国义旗。由于事先做了充分的物资储备和精神鼓动，鲜虞族余众的复国激情瞬间爆发，一时间群起响应，纷纷赶来效命疆场，迅速组成一支劲旅。武公以顾城为中军大营，拜公孙焦、鼓须等人为大将，带领鲜虞族余众分两路大军南北夹击，对镇守在中人城的赵、魏驻军进行了猛烈的攻击，经过数月鏖战，中山军攻入中人城内，俘杀赵、魏全部驻军，复国之战告捷。

公元前414年，武公终于摆脱了赵、魏多年来的严酷统治。他放弃了饮恨含耻、饱受赵魏凌辱的中山旧都，选居在平原沃土的顾邑（今河北定州）立国，重新建立了属于鲜虞氏的独立政权，完成了复国大业。

中山武公复国之后，为防御强敌入侵，提高中山国国力，他仿效华夏诸强国的改革经验，制定了发展强国之策，果断地采取了一系列进步措施，在政治、军事、经济等方面实现了快速发展。

可惜武公命短，仅执政 6 年，约在公元前 408 年病逝于中山都城顾邑，传位给儿子桓公。

定州署大堂外景

中山桓公

敌临烹子一何庸，
激怒来军速自攻。
结怨岂思围不解，
愚谋多以杀为雄。

桓公：失国复得再复兴

中山桓公，姓姬，名窟，号桓公。他幼年即位，但即位不久，中山国竟然再次遭受亡国之痛。他痛定思痛，东山再起，终于使中山国再次实现复国，并为其奠定了鼎盛之基。在中国帝王史上，他是唯一失国复得再复兴的君王。

荒政失国

桓公即位之时，尚未成年。作为武公之子，他养成了娇嗔任性、纵情玩乐等一大堆毛病。即位以后，他更是变本加厉，一味地骄奢淫逸，常常纵酒贪欢，昼夜颠倒，对于国家政事，反而荒疏不问。群臣屡屡上书直谏，桓公置若罔闻，致使庙堂高处个个失望至极，不能有所作为；江湖远地人人抱怨不休，无心勤于生产，导致政事混乱，经济萎靡。中山政权也像桓公酒后的步态，摇摇晃晃，随时可能一头栽倒。

这时的魏国愈加强盛，魏文侯决定继续开疆拓土。他选定的首要攻击目标便是中山国。

公元前 409 年，魏文侯派吴起为大将，率师越过赵国境域攻伐中山顾城（今河北定州）。《东周列国志》载："中山国都城城墙坚厚，储粮甚多，城内又有鼓须、公孙焦全力督战，魏军连攻数日，无法破城进入。"这足以说明在武公复国之后，中山国的经济实力和国防力量都得到了空前的提升，就连一代名将吴起也对其无可奈何，只得退兵还朝。

第二年（公元前 408 年），魏文侯听说有一个名叫乐羊的人文武兼备、智勇双全，韬略具备，见识超群，是个难得的人才，便准备任命他为大将，率兵进攻中山国。但乐羊的儿子乐舒是中山国的臣子，还曾经奉中山国国君桓公的命令去请乐羊辅佐国政。有人担心乐羊顾念父子之情，贻误战机，造成恶果。魏文侯秉持用人不疑，力排众议，于公元前 408 年拜乐羊为大将，命其率领 5 万人马进攻中山国。

中山桓公闻知魏国又发兵来征，一面继续加固城防，另一面派大将鼓须率军迎战。双方历经一个多月激烈交战，未见胜负。后来，乐羊采用火攻的办法才把鼓须打败，接着乘胜追击，一直攻到顾城城下。

中山桓公见魏军兵临城下，急忙召集群臣商议卫国大事。大夫公孙焦奏道："我听说攻城大将乐羊是我朝乐舒的父亲，主公若派乐舒劝说其父退兵，一定奏效，可解中山之围。"中山桓公便硬逼乐舒登上城楼，哀求乐羊退兵。乐羊一见乐舒就大骂："你这个没出息的奴才，快去告诉你的昏君，让他早点出来投降，这样他还能活命，你我今后还有见面之日。他若执迷不悟，一定不会有好下场。"乐舒苦苦央求道："我求父亲暂时休兵攻城，给我们一个商议的机会。"乐羊说："这样吧，我给你们一个月的期限，你们君臣要看清时局，快速献城投降。"随后，乐羊下令把顾城团团围住，并命令将士不许攻打。

中山桓公认为乐羊心疼自己的儿子，一定不会急于攻城，又倚仗着顾城城墙的坚固难破，且城内粮草充足，因此不打算投降。转眼一个月过去了，乐羊见中山桓公毫无献城投降的诚意，便决定再次攻城。这时，中山桓公又命乐舒登城求情，请求再宽限一个月。中山桓公还打算到外边请求救兵，可顾城被乐羊围得水泄不通，连只鸟儿都飞不出去。中山桓公无奈，只好屡次命乐舒请求乐羊再次放宽期限。就这样，打也无力打，降也不愿降，战事一拖再拖。

转眼数月过去了，中山战况传到魏国国都，朝臣担心乐羊心存异志，对乐羊的毁书谤言像雪片一样向魏王宫飞来。魏文侯却镇定自若，对此置若罔闻，还接连不断地派人去慰劳乐羊，告诉他国君正在都城给他盖房子，准备等他得胜还朝的时候，作为庆功礼物送给他。魏文侯的知人之明可见一斑。

乐羊不知朝中详情，对魏文侯的劳军行为非常感激，可仍然按兵不动。转眼两年时间过去了，乐羊手下将领对久围不打感到疑惑。乐羊说："看来你们也不理解我的用意。我三番两次地答应中山国国君放宽期限，让他三番五次地失信，为的是让老百姓知道他们的国君绝非守信之人，是无道昏君，让臣民对国君失去信任和拥戴。这样做可不是为了乐舒一个人的生死荣辱，而是为了先收服中山的民心，再收取中山的城池呀！"将领们认为乐羊很有远见。

其实，乐羊之所以围而不打的确是为了顾全儿子乐舒的性命。如果桓公在重兵围困之下献城投降，乐舒便可免遭一死，所以他一拖再拖，耗时三年之久。当然，这也仅仅说明乐羊有私心而已，骨肉至亲，怎忍屠戮其性命于激战之中？总体来说，乐羊还是忠君报国的贤能之士。

眼看兵疲粮少，又见桓公没有投降诚意，乐羊不得已发令攻城。桓公见顾城难保，便命人把乐舒绑在城头，以杀乐舒威胁乐羊退兵。乐舒向父亲哀求救命，乐羊假意拿起弓箭，要射死城楼上的乐舒。桓公眼见乐羊根本不会因心疼儿子而停止攻城，便把乐舒杀了，然后把他的尸体煮成肉羹给乐羊送去。桓公以“杀其子，烹其肉，饮其羹”的办法对付乐羊，等于丧失了最后的筹码，简直是负薪救火，加速其灭亡。

此前，乐羊还投鼠忌器，现在已没有了任何顾忌，即刻命令将士猛烈攻城。公元前406年，中山国国都顾城被魏将乐羊攻陷，中山国败亡于年少的桓公手中。

《水经注·滱水注》说：“其后（中山武公之后），桓公不恤国政。”另有史载：“乐羊攻中山，三年而拔之。”这些都证实了中山国被魏国所灭的历史真相。

驱魏复国

且说桓公丧失了家国后沦为虏奴，不禁凄怆萦怀，愁尘蒙面。然而，桓公毕竟是武公之后，有着刚毅不屈的性格。遭际亡国灭家之耻，桓公的英烈之气逐渐苏醒，复国之志豁然迸发。

公元前406年，魏文侯封仅有14岁的太子魏击为中山国国君，不久后改派太子魏击的弟弟魏挚为中山国国君，又派贤能之士辅理政务。这说明魏文侯灭亡鲜虞氏中山国以后，又建立了一个魏氏中山国。魏治中山维持了约25年，中山桓公也就无可奈何地苟且了25年。

公元前395年，魏文侯去世，太子魏击即位，是为魏武侯。公元前387年，赵烈侯也去世了，赵敬侯即位。赵烈侯的另一个儿子公子朝想谋逆篡位，便恳请魏武侯发兵攻赵，帮他夺取政权。魏武侯也想在赵国培植亲魏势力，随即发兵攻打赵国的心脏——都城邯郸，但被赵军击退。从此，赵、魏两国矛盾激化。此后数年，魏武侯攻城略地，连败赵军。赵国只好求救于楚国。楚、赵两国南北夹击，魏军腹背受敌，处境十分狼狈。

随后，赵国凭借楚师之盛，一举攻取了魏属中山国的棘蒲（今河北赵县）和魏国的黄城（今河南内黄西北）。历时两年多的赵、魏大战使赵国阻断了中山国与魏国的联系，中山国成了独立存在于纷争之外的“世外桃源”，为其复国带来了绝佳的机会。

公元前 381 年，中山桓公抓住赵、魏互相厮杀，谁也无暇顾及中山国的大好时机，组织了 10 余个城邑的壮年男子建成复国大军，向驻守在顾城的魏军发起了攻击。经过几个月的浴血奋战，复国大军击败了魏国的守城军队，夺回了顾城，国君魏挚逃回了魏国。从此，统治了 25 年的魏氏中山国宣告结束。

中山桓公于顾城自立为王，宣布中山正式复国。

击溃强赵，收复失地

中山桓公的复国震撼了华夏诸国，尤其使赵国的君臣感到如芒刺在背、骨鲠在喉，从里到外不舒服。其缘故在于中山国位于赵国腹地，是赵国北通代地，向西北发展的绊脚石；再说，这样一个“野火烧不尽，春风吹又生”的顽强国度，盘踞国之腹地，终究是心腹大患，一旦闹腾起来，会有无穷的麻烦。如不趁其立足未稳之机，吞而并之，就等于养虎为患，将贻害无穷。于是，赵敬侯迅疾发动大军，攻打中山国的南疆要邑——房子。一年后，又攻打中山国的北方重镇——中人。房子在今赵县境内，中人在今唐县东北 20 多公里处。这两处门户要塞若被攻破，就意味着中山国将再度亡国。在此生死存亡之际，中山国国民在桓公的率领下誓死抵抗。15 岁至 55 岁的男子一律冲锋陷阵，人人都是敢死队员，厮杀起来真能以一当十。老少妇孺也踊跃参战，掘壕沟、固城防、烧水做饭。遇敌来袭时，则聚多人围住一人，砖头瓦块如雨，连抓带挠似钩，打得敌兵非死即伤。更有大量民众烧沸水储于陶罐内，敌兵攻城时，劈头盖脸泼下去，恰如杀猪褪毛一般，敌兵鬼叫连天，屁滚尿流溃散。遇到如此的奋死抵抗，又是倾国而出的人民战争，赵敬侯的不义之师屡攻屡败，连续两年损兵折将。最终，中山国国民击溃了南北夹击的赵国侵略军，守住了固有的领土，企图以强凌弱的赵国军队被中山国军民驱赶出境。

房子、中人两战告捷，使中山国经历了血与火的锤炼，国人意志更加顽强，信心更加牢固，合力更加强大。中山国在激烈纷争的风口浪尖上站稳了脚跟。

公元前 375 年，赵敬侯怀着败于房子、中人的羞耻，无可奈何地走上了“奈何桥”。他的儿子种即位，是为赵成侯。赵成侯一门心思要重伐中山国，报仇雪耻！但是，中山人个个都像“拼命三郎”，他是领教过的。另据谍报人员汇报：中山国国防建设突飞猛进，经济长足发展，士气高昂，形势大好。赵成侯感到目前还没有实力征服中山国，只好变攻为守，派出使者赴中山国议和，中山桓公表面同意签订和约，实际上却趁机大力发展经济，扩充军事实力。

公元前 374 年春天，中山桓公率先发难，派使臣去见赵成侯，要求归还长期以来不断被赵国蚕食的中山国国土。赵成侯说：“那原本就是赵国的领土！”使臣回报中山桓公。中山桓公旋即命乐池为帅，领兵 2 万进攻赵国。赵成侯没想到中山国居然会出兵进犯，便派 2 万军队迎战，同时命各城驻军严加防守，以防中山军夺城。可中山军本来骁勇，加之训练有素，不仅精通车战和阵战，而且有一支精通马上作战的骑兵，两军对阵时赵国军队一败再败，被中山军打得丢盔弃甲，死伤无数。中山军乘胜进军，不到半年便收复了被赵国侵占的灵寿、番吾、房子、鄗邑、石邑等 10 余座城邑，一直把赵国人赶回本国境内。赵成侯连吃败仗，只好命令边防各城加强防守，再不敢轻易与中山人交手。

中山国自复国以来，连续击败魏、赵两个诸侯大国，使天下诸侯国刮目相看。中山国再次成为北方的一个强国。当时，列国以战车数量衡量国力，中山国被称为仅次于战国七雄的“千乘之国”。公元前 378 年秋天，中山桓公出于战略上的考虑，认为顾城地处平原易攻难守，刚刚收复的灵寿城险居山区，临近中原，进退自如，便命人修复灵寿城池，把国都迁往灵寿。

修筑长城　图强发展

“三家分晋”后的赵国领土，一部分在冀南和冀西北，另一部分在晋中和晋北，两部分领土间有太行山相隔，北为中山国所阻，井陉孔道和鸿上等关塞为中山国所有，切断了赵国北进的大道，因此赵国只能借壶关和崎岖的山路，维护两部分领土间的联系。这样的形势决定了赵国对中山国的威胁将是长期存在的。中山国为自卫设防，不得不建筑长城。中山国长城究竟建于什么方位，史书无载。当代研究材料初步说明，战国时期中山国长城地处中山国与赵国分界线附近。其走向北起涞源县的黄土岭，西南经唐县的周家堡，向东南入顺平县的神北、富有、柏山，转西南复入唐县境，经马耳山、上庄、山南庄、坡上入曲阳县的河东、党城一带，整体呈弧形，全长约 89 公里。长城上有多处便于驻兵屯守的隘口、关城和烽燧，其结构为石砌或土石砌两种，城宽 1~3 米，城墙横切面为梯形。长城的修筑对稳定中山国的南部疆界和防止赵国入侵，无疑起到了积极的防御作用。

中山国从中山桓公八年开始，逐步从战乱的环境中过渡到和平时期。国家逐步削减军备开支，重点鼓励农牧业、小工商业、冶炼技术等，综合经济发展壮大。由于中山国水陆交通日渐发达，带动了其商贸经济的繁荣。此时，中山国的统治者已经认识到“赋敛平，则庶民附”，开始减轻各类税赋，调动了所有从业者的积极性，促进了国民经济的迅猛发展，提高了国民的生活水平，壮大了国家的综合实力。

公元前 353 年，中山桓公逝世于灵寿中山王宫，他的儿子成王即位。

定州风光

中山成王

身勤社稷邦忧劳，
引水围鄗击强赵。
千乘威慑万乘国，
雄逐中原展略韬。

成王：引水围鄗

公元前353年，中山桓公病逝，他的儿子中山成王接过了复兴中山国的接力棒。中山成王即位后，继承了中山桓公的治国策略，勤于朝政，体恤民情，巩固并推进了中山国的复兴大业。

公元前332年，齐国和魏国结成了联盟，共同出兵讨伐赵国。中山成王"趁火打劫"，也率师攻赵，并且使出了十分厉害的一招：引槐水围攻鄗邑。鄗邑位于古槐水北岸（今河北柏乡北），地处南北要冲，是赵国的战略要地。鄗邑原为中山国所有，魏国灭中山国后归魏国管辖，中山桓公发动复国之战，在摧毁魏氏统治的激战中，赵国乘机抢占了鄗邑，也属于"趁火打劫"中占到的大便宜。赵国得鄗邑后，可以以鄗邑为跳板，长驱直入中山国境内，对中山国构成致命威胁。中山国得鄗邑，即可沿槐水设防，防御赵国入侵。故而，鄗邑为赵国和中山国共争之地。

中山国引槐水围鄗邑，鄗邑因地势低洼，顿成水上孤城。赵肃侯赶紧分兵驰援，中山军队迎头痛击，杀得赵军尸横遍野，所剩寥寥。赵肃侯增派数倍之兵援救鄗邑，中山军避其锋芒，不动营帐，只是引兵士埋伏于道路两侧。赵军自恃强大，以为中山军怯战，抛营弃帐而退，于是挥戈挺进。孰料两侧伏兵涌起，如泄洪般扑来，一时间杀声震耳，弓弩齐发，矛戈挥舞。赵军猝不及防，阵脚大乱，中山军队趁势冲杀，刀枪剑戟挥动如风，不分头尾一顿砍杀，将敌军"干净彻底消灭之"。随后，赵肃侯即便连续派出几支增援部队，也都是肉包子打狗——有去无回。那么，中山军队究竟攻取了鄗邑没有？没有。为什么呢？鄗邑虽然被水围困，但城中粮草充沛，驻守兵士也没有损伤。赵国不断派兵增援，中山军队受到牵制，不能全力以赴攻取鄗邑。僵持日久，中山军队不可能没有损耗。齐国与中山国交好，可以说是中山国的强大盟军，故有"负齐之强兵"一说，而中山国屡败赵国援军，与齐国给予的军事策应密不可分，但齐国此时也在和赵国交战，不能给中山国提供更多的帮助。在这种情况下，中山国只好退兵。

鄗邑之战是"千乘之国"的中山国对"万乘之国"的赵国的进攻战，

说明中山国已经具备了与强国抗衡的军事能力，成为诸侯争雄中一支不可小觑的力量，即使中山国重振了国威，也使中山成王在中山国的历史上留下了浓墨重彩的一笔。

公元前328年，在位25年的中山成王染病在床，临终时把相邦司马赒唤至榻前，行托孤之事，叮嘱司马赒今后一定要尽心辅佐幼子嚳王。司马赒具有卓越的政治才干，阅历丰富，博学多闻，既知兵事，且深谙外交之术，属于综合型人才。中山成王即位后便拜司马赒为相，并使其担任太子的老师。司马赒有感于中山成王知遇之恩，又受托孤之重，不禁涕泪交零，哽咽道："大王且放宽心，赒自当披肝沥胆，秉忠持节，竭力报国，死而后已！"中山成王听罢，面露欣慰，双唇微合，欲语不能，随即卒于灵寿王宫，被葬于灵寿中山王陵。他的儿子中山嚳王即位，司马赒也成了中山国历史上功名卓著的传世相邦。

定州博物馆

中山嚳王

纵横捭阖称嚳王，
五国相王列雄行。
伐燕扩疆克大邦，
鼎盛跃居第八强。

𰯼王：闯入战国八雄

中山𰯼王即位时，年仅16岁，按照时下的说法，还是个处于青春期的叛逆少年。由于自幼受到司马赒的启发开导和孜孜教诲，𰯼王仿佛跨过了这个惹是生非、执拗任性的时期，一直表现得聪颖敏捷、端庄稳重、通达事理。满腹经纶的相邦司马赒是按照未来国君的要求培养𰯼王的，他在司马赒的教导下研读百家经典、饱览古籍史册，从中总结了大量国家亡败的教训和兴盛的经验。𰯼王较早地成熟起来，并且具备了安邦治国的才能。另外，𰯼王还继承了鲜虞族善骑射的专长，从小练就了一身超群的武艺，成长为一位上马治军、下马治民的文武兼备之君。

基于桓公、成王两代国君的励精图治，𰯼王即位时，中山国进入了鼎盛时期。𰯼王在继承父祖基业的基础之上，继续奋发图强、锐意进取，在相邦司马赒的忠诚辅佐下，制定了鼓励农耕、扶持手工业、倡导商贸交流等一系列新政策，国力得到大幅增强；同时，整肃军纪，打造武器，加强战略物资储备。通过五六年的鼎力振兴，𰯼王使中山国得到跳跃式发展，仿佛一个正在发育期的少年，身形突然蹿得老高。在战国时期列国争强的形势中，中山国毅然跻身于强国之林。

五国相王

周朝末年，苟延残喘的东周王朝已是朝不保夕，诸侯列国就摆出称王争霸的架势。吴、越两国最早称王，接着是距离周室最远，凭靠长江天险的楚国称王；公元前334年，齐、魏于“徐州相王”；公元前325年，秦国自立为王。齐、楚两国既不支持，也不反对，等于默许了。什么叫相王？就是彼此承认对方称王。这有什么意义吗？当然有！假如一个国家及其首脑不被其他国家承认，这该多么可怕！这几个国家都是超级大国，联合起来对付其他任何一个国家都是要命的。

为了抗衡齐、楚、秦的联合阵营，魏国国相公孙衍发起“合纵”行动，联络中山𰯼王与魏、赵、韩、燕五国相互称王。经过一番游说，晓以利害，其他四个国家被成功说服，相继称王。这是战国时期第一次五国合纵来共同对抗齐、秦、楚三国，历史上称为“五国相王”。

参加“相王”的五国中，中山是“千乘之国”，魏、赵、韩、燕都是“万乘之国”。显然，在魏、赵、韩、燕四国看来，中山国的位置已经相当重要了。

但是在“五国相王”的过程中，中山称王并不是一帆风顺的。齐、楚、秦等大国看到对外扩张要遭到有力的抵抗，一向强横的几个大国难以容忍，尤其是欲争夺霸主地位的齐国竟然叫嚣：“我国是拥有一万辆战车的强大国家，中山不过才有一千辆战车，弱小得不堪一击。和这样的弹丸之国并列为王，简直是对我国的羞辱！我国要联合几个强国共同消灭中山国，废掉中山王的称号！”

中山譽王听到齐国如此叫嚣，立即召见谋士张登。中山譽王素知张登老谋深算，巧于辞辩，深谙纵横之道，便对张登面授机宜。君臣二人商议妥当，譽王便委派张登持节出使。

张登来到首先发难的齐国，见到齐相田婴说：“我听说贵国国君要联合赵、魏消灭中山，废除中山称王。三个大国共同讨伐一个小国中山，中山肯定感到恐惧，必然会为保住其称王而归附于赵、魏。如果是这样，那么你的国君就如同把中山拱手送给了赵、魏，这会使赵、魏如虎添翼，对齐国很不利啊！你们为何不让中山附顺齐国呢？”田婴问：“如何让中山归附齐国呢？”张登说：“现在你们可以召见中山国君，以礼相待而且准其称王，这样中山国君必然会因高兴而断拒赵、魏。而赵、魏必然会因愤怒而攻打中山，中山危急，必感到难以称王，其国君定会附顺于齐。你们若不愿让中山亡国，可让中山不称王而只让立其国，这样总好于为赵、魏送大礼呀！”田婴听后表示认同，但齐国大将张丑极力反对，田婴经过权衡利弊并没有听从张丑的意见。结果，齐王准备隆重召见中山国国君，准其称王。

张登离开齐国之后，又分别出使了赵国和魏国，对他们说：“齐国打算讨伐赵国河东之地。”赵国和魏国都很惊异，问张登：“你是怎么知道的？”张登答道：“齐国本来羞于和中山并列称王，现在要召见中山国君，给予礼遇而且准其称王，是打算利用中山的兵将。你们两个大国为何不对外宣称支持中山称王，以断绝中山国君被齐国召见和享受礼遇？”赵、魏两国听后都同意了张登的意见。果然中山国与赵、魏两国相互亲近和好，并果断与齐国断交。张登的游说大获成功，齐国对“五国相王”的破坏没有得到一点好处，白白折腾了一番。

张登单凭口舌就维护了“五国相王”，貌似言语的力量威力无穷，其实这一切都是譽王策划导演的结果。此时的譽王虽然只有21岁，却已经成长为一颗洞悉世事、练达人情、谙熟形势、纵横捭阖的政治新星。

伐燕平乱 克敌大邦

公元前314年，燕王哙如同吃了迷魂药一般，仿照古代传说中尧、舜禅让，把王位让给了相国子之，自己却面北称臣。子之当国君三年，把政治搞成一团污泥，百姓深受其害。燕国太子平和燕国大将市联合起来攻杀子之，结果被子之打败，太子平和大将市被杀身亡。这次燕国的内乱长达数月之久，“死者数万，百姓离志”。燕国的内乱招致了齐宣王大规模的军事干预。

公元前313年，齐宣王派将领率“五都之兵”及“北地之众”，向燕国大举进攻。由于燕国人民痛恨子之，对齐国的进攻反而表示欢迎，所以齐军很快就攻下了燕国的国都，燕王哙死于混战之中。子之遭擒后被剁成肉酱。齐军攻取了燕国首都后，无组织、无纪律，对燕国民众大肆屠杀抢掠，残暴得没有人性。燕国人民又纷纷起来反抗齐军，齐军被迫退出燕国。

在燕国内乱的时候，中山国相邦司马赒意识到这是扩张中山国疆土的有利时机，便向中山譽王请求出兵攻伐燕国。司马赒的请求与中山譽王的想法不谋而合，他便派遣相邦司马赒“率三军之众”戡平燕国内乱，讨伐燕国新君子之。在这次“以征不义之邦”为名的伐燕之战中，中山国大获全胜，占领了燕国大片疆土，使中山国北部疆域从中人城向北扩展到了燕下都。中山譽王加封伐燕功臣司马赒为仲父，并封赐他“死罪三世无不赦”的特权。好在司马赒一家三代都是奉公守法的良民，譽王也因深知司马赒的儿孙绝不会为非作歹，所以才故意显示恩宠，封赐了一句废话用以笼络其心。君主的御人之道，被譽王运用得炉火纯青，就连他的老师司马赒也自愧弗如。

戡平燕国之乱，中山国收获颇丰，进入历史上空前的鼎盛时期，但这样的大好形势并没有维持多久。

中山好𧊒王

千秋大业传好𧊒，
势趋朝阳暮霭时。
英雄疲力挽狂澜，
虎狼临吞补牢迟。
强赵窥觎胡服射，
五百沃野赵吞之。

䖸蚉王：盛极而衰，无力回天

公元前 308 年，中山䂮王病逝后，太子姬䖸蚉即位，史称䖸蚉王。䂮王时期中山国达到了极盛，在䖸蚉王手里却盛极而衰，最终被赵国灭亡了。䖸蚉王是怎样弄得国破家亡的呢？

扬祖美德　建墓铸壶

考古结果表明，䖸蚉王即位后的第一件事就是为其祖父成王和父亲䂮王修筑坟墓，并将他们的功绩铸于圆壶上，以弘扬先祖的美德，把对先人的敬祀永远承续下去，学习先辈的安邦治国之道。这本无可厚非，但是如果一味“追庸先王之功烈”，却不建立属于自己的功业，就非常糟糕了。

事实证明，中山国强盛表象的背后孕育着严重的政治危机和社会危机。到了䂮王晚年或其谢世不久，中山国的内政和外交均呈现出了困顿局面，中山国逐渐衰落。中山国的衰败，有当时诸侯激烈争雄的外部因素，也有中山国内部历史遗留的弊端，但主要原因是䖸蚉王满足现状、故步自封、抱残守缺、执政不力，从而导致国家内政出现严重失误，极大地削弱了中山国在历史舞台上的竞争能力。

内政失误　大臣弄权

中山国内政的失误表现在教条的崇儒政策和落后的治国方略上。当时，各国都在积极推行法家的中央集权理念，限制贵族特权，提倡“尽地力之教”，主张“为国之道，食有劳而禄有功”。在这种奖励耕战、相互兼并、战争日益严峻的形势下，秦、赵、魏等国推行变法，改革弊政。赵武灵王为了提高军队的战斗力，学习北方少数民族的长处，实行胡服骑射。各国都在枕戈待旦，时刻准备屠戮杀伐，称霸天下。而中山国面临这种你死我活的险恶局势，却既不是革旧鼎新，居安思危，与时俱进，也不是秣马厉兵，而是如同染了鸦片烟瘾一样，迷醉于儒家学说。儒家学说的核心思想是“仁”，以仁义对刀兵，岂不是以羊羔对虎狼吗？孔夫子周游列国，大讲仁义之道，与当时诸侯争霸的总体趋势格格不入，所以在列国中没有市场，唯独中山国把它奉为治国之术，推行“贵儒学贱壮士”的政策，致使“战士怠于行阵”“农夫惰于耕田”，很快就出现“兵弱于敌，国贫于内”的颓萎局面。

在用人政策上的失误，也是中山国衰落的重要因素。中山譽王时期，司马赒位居相邦。对于司马赒的功勋，文献和铭文的记载也非常清楚。他“率师征燕，大启邦宇，方数百里”，“贤佐司马赒，而冢任之邦”，“贤才良佐，以任之邦，是知其忠信旃而专任之邦……受任佐邦，夙夜匪解，进贤措能”，这些都说明司马赒忠君谋国、殊勋卓著，深得中山譽王的信任和重用。

妾蚉王即位之后，任用司马憙为相邦。司马憙与原来的相邦司马赒虽有一字之差，品性和才能却有天壤之别。这里需要说明的是，有关史书记载，司马赒与司马憙同为一人，“憙”字在不同史籍中又有“喜”“熹”之别。另有学者考定，司马憙是司马赒之子。这些权且不议，我们只看司马憙做了什么。

司马憙不仅极力推行儒家的治国路线，而且排斥异己、独断专行，使中山国朝政混乱，国势大衰。中山妾蚉王逐渐认识到问题的严重性，罢免了司马憙的相位。但司马憙并不甘心，他以出使赵国为名，携带重金到赵国拜见赵武灵王，恳求赵武灵王帮他恢复相位。赵武灵王收受了重金，答应了替司马憙求情。

过了一段时间，赵国使者果然来到中山国为司马熹请求相位。中山妾蚉王迫于赵国的军事压力，不好断然拒绝，只好责令司马憙痛改前非、克己奉公、恪尽职守，如有再犯，立斩不赦。司马憙的相位得以恢复。

中山妾蚉王有个异常美丽的妃子，叫阴姬。不知什么原因，阴姬非常厌恶司马憙，司马憙深知“枕边风”的威胁会比朝中大臣的奏议更大。此时，阴姬正在和妾蚉王的另一个宠妃江姬争夺王后之位，竞争异常激烈。司马憙素知赵武灵王贪恋美色，便找借口出使赵国，在赵武灵王面前将阴姬的美貌大肆渲染一番，说她美貌绝伦、倾国倾城。赵武灵王听得心旌摇荡，居然提出纳阴姬为嫔妃的要求。

司马熹回国后，向妾蚉王汇报了赵武灵王想把阴姬纳入自己后宫的企图。㚤蚉王听后气得血灌瞳仁，抬手猛击桌案，震得桌上茶具酒器东倒西歪，叮当乱响。他怒吼道：“真是岂有此理！真是欺人太甚！真是……”司马熹虽内心偷笑，却做出为难的样子说：“赵国是个强国，大王如果不给，那么社稷就危险了；如果给他，就要被天下诸侯耻笑。”㚤蚉王怒问：“就没办法了吗？”司马熹早已成竹在胸，说：“有啊！大王马上立阴姬为王后，如此就能断绝赵王的非分之想。大王请想，夺人姬妾已是丧心病狂，再要强娶别人的王后，那是天人共诛的恶霸行为，诸侯各国也不会答应的。”于是，中山㚤蚉王就立阴姬为王后。赵王见状心里顾虑重重，只得灭掉心头的邪火，再也不提阴姬的事了。

司马憙使用阴损之计帮助阴姬得到王后之位，化解了阴姬对司马熹的怨恶，消除了相邦之位的威胁。

司马憙坐稳了相位，表面上人模人样，骨子里还是那副德行。他仍然排斥异己，擅政弄权。当时的中山国大臣季辛、爰骞都与司马憙不睦，而季辛又和爰骞有隙。司马熹便派出杀手，用季辛府邸特有的短刀悄悄结果了爰骞的性命，然后密奏㚤蚉王说：“爰骞和季辛素有仇隙，此次爰骞莫名被杀，定是季辛主使。杀死爰骞的短刀，实为季辛府上的武士所有，铁证如山，岂容抵赖。”中山国君认为司马憙所言上有原因、下有实证，便认定是季辛所为，遂将季辛诛灭。爰骞和季辛虽有私怨，但都是国家栋梁，司马憙为了排除异己大行奸恶，诛杀了两位功臣，致使贤臣良将寒心彻骨。那些能征善战的武官也因痛恨司马憙弄权祸国，被司马憙罢官夺职，在家闲居。如此这般，中山国岌岌可危矣！

司马熹在国内行奸作恶已经十分可怕，而他还里通外国，甘做无耻叛徒！《韩非子》载：“司马憙作为中山国君的下臣，却与赵国相当亲善友好，经常把中山国的秘密计划偷偷告诉赵王。”可见司马憙名为中山相邦，实为乱臣贼子，国家败类！中山国摊上如此货色，就是养了一个祸国殃民的催命鬼！

官员贪腐　外交孤立

官员贪污受贿，是中山国衰败的又一重要因素。有个叫鲁丹的人来到中山国进行友好访问，连续三次要求与中山国国君见面，却不得召见。鲁丹知道有人从中作梗，是想趁机捞点好处。于是，他先打点守门的卫兵，然后打点传达人员，再打点王宫的近身侍卫、王宫的卫戍司令……结果还是见不到。气得鲁丹要回国了，卫戍司令才说，您老先生光打点我们这些芝麻官是没用的，那些内阁重臣、各部首脑，都要有所表示才行，否则随便出来一个人说：国君正在休息、正在品茶、正在咳嗽吐痰、正在跑肚拉稀……随便一个理由，我们谁敢通报？说得鲁丹来了倔脾气，他要看看究竟打点多少人才能一睹国君尊容。于是，他请卫戍司令列了一个名单，一个一个打点完毕，总共散发了五十金才得以觐见。在那个用碎铜烂铁铸造钱币的时代，五十金可是一个庞大的数目。见一次国君竟然花费如此之巨大，涉及官员如此之多，而且是明目张胆地索要，足见中山国的官员贪腐到何种程度。更让鲁丹恼火的是，他在返回途中还没出国境，中山公子竟无端怀疑鲁丹是受了赵国的指使来离间中山国君的，而中山国君也轻易偏信公子之言就加罪于鲁丹，这从侧面反映出中山国执政状况的失常。

官员腐败导致民怨沸腾，世风日下。其结果就是人心涣散，农耕荒废，“国贫于内”。执政失常造成政治腐朽，策略不彰，裹足不前，武备废弛，“兵弱于敌”。中山国在政治、军事、经济等诸多方面陷入了空前的危机。当时魏国的理财家白圭考察中山国后说：“中山国已失去信义、失去名誉、失去亲情、失去财富，不能用人，又不能自用，已经到了无力回天的绝境，中山国必亡无疑！”

此外，中山复国后，在外交上有一个致命弱点，就是缺乏长期的战略规划，与多数大国结下仇怨，处于孤立无援的境地。中山国与齐国本是传统的盟国，历史上长期友好。由于“五国相王”活动，齐国羞于和中山国一同称王，一度准备讨伐中山国，两国关系自此出现了裂痕。燕王哙因禅让王位引发燕国内乱，中山国趁火打劫，伐取了燕国数十座城池，造成了两国有很深的积怨。中山国与赵国是世仇，多次兵戎相见。赵国对中山国长期存在灭亡威胁，故而是生死敌手。魏国大将乐羊曾攻陷中山国都城顾城，统治中山国 20 多年，也有亡国之仇。由此可见，中山国与周边各国都不友好，而且中山国似乎从来没有修复或改善与各国的关系，以致当赵国兴兵讨伐中山国时，中山国得不到其他诸侯国的任何援助。外交上的失误也是中山亡国的重要原因之一。

赵国强攻　中山亡国

在中山国走向衰落的同时，赵国空前强盛起来。两个世代为仇的国家在综合国力上出现巨大落差，以强凌弱就成了拦也拦不住的事情。于是，中山国成了赵国第一个要消灭兼并的对象。

尽管中山国衰败得不成样子，但赵武灵王还是不敢掉以轻心。从史籍记载情况来看，赵武灵王为了攻灭中山国，仅备战工作就用了三年时间，其间最重要的措施是推行“着胡服”“习骑射”的军事改革，意在取胡人之长补中原之短。

从“胡服骑射”实施的第二年开始，赵国国民的生产能力迅速提高，尤其是军队的战斗力空前强大起来，“胡服骑射”的效果得到充分验证，为攻灭中山国蓄积了强劲的武装力量。

为了防止列国的干预，赵武灵王对诸多强国实施了“能拉则拉，能稳则稳”的活跃的外交策略，积极调整和加强了与诸侯各国的外交关系，有效地保证了攻灭中山国战争的全胜。

在经过“胡服骑射”、巩固邦交、情报搜集、军需储备、兵员征调等一系列准备之后，赵武灵王倾全国之力发动了攻灭中山国的战争。

公元前 307 年，赵国与中山国派兵激战于房子（今河北高邑西）。赵国虽然强于中山国 10 倍乃至 20 倍，但是在战争中还是遭到了中山国的顽强抵抗。因为此时的中山人已经使用了杀伤力极强的铁质兵器和铠甲，它们发挥了巨大的作用。新砖头禁不住破瓦刀，好战车敌不住大铁锤，再加上中山国属于困兽之斗，赵国进攻受阻也不奇怪。与此同时，燕国也趁火打劫，发兵攻打中山国，以报中山国与齐伐燕之仇，夺回被中山国占领的城邑。中山国以贫弱之邦迎击两个万乘大国，南战于房子打败赵国，北战于中人攻克燕军，还杀了若干敌将。尽管赵国为这场战争做了十足的准备，却未占到中山国任何便宜，而中山国似乎杀红了眼，在打败燕军之后，又乘胜追击，一直追到燕国境内，屠戮劫掠了一番才作罢。

对于这次战争，当时的政治家苏秦看得十分透彻。他说，中山国虽然在战争初期打败了赵、燕两个大国，暂时守住了固有的领土，但它是“不啬于战攻之患”的千乘小国，怎么能禁得起连年战争的破坏和财力消耗呢?

尽管初战失利，但赵国灭亡中山国的野心从来没有动摇。一年之后（公元前 306 年），赵国再次进攻中山国，这次赵军进展顺利，一路攻城略地，打到宁葭（今石家庄深县）。赵军将战线至少向前推进了几十公里。

公元前 305 年，赵国开始了第三次灭亡中山国的战争，并首次动用了善于驰袭和迂回包围的骑兵部队，从井陉塞分两路向中山国腹地进发。两路骑兵联队大显神威，在进军途中肆意杀戮践踏，把中山国的大后方搅成一摊稀泥。然后合军曲阳，攻取了位于曲阳县北部的中山国要邑丹丘、恒山、鸿城。骑兵之外的军队也兵分两路，由赵武灵王统率的左、中、右三军从南路进军，夺取了鄗邑（今河北柏乡北）、石邑（今河北元氏北）、封龙（今河北元氏西北）、东垣（今河北正定南）四座城邑。赵国大军直逼

赵攻中山地图

资料来源：程雪莉《故国中山》。

中山国的腹地，中山国迫不得已，献出了四个城邑向赵国请和。赵武灵王为了休整部队，同意暂时休兵罢战。从此，中山国被封锁在灵寿的周围，形同笼中之鸟。

经过两年的养精蓄锐，赵国发动了第四次攻伐中山国的战争，占领了中山国的边防城邑。公元前 301 年，赵国第五次进攻中山国，迫使中山国再次割地于赵国。

从公元前 300 年开始，赵国发动了最后灭亡中山国的战争，夺取了中山国滹沱河以南的全部土地，攻到了扶柳。到公元前 297 年，中山国东部的领土已经全部被赵国吃掉。

公元前 296 年，赵国攻克中山国的都城灵寿，中山𡈼蚉王逃奔到了齐国，后来死在了齐国，中山国彻底灭亡。白狄鲜虞氏在燕南、赵北所建中山国 210 多年的历史就此结束。

定州贡院侧影

中山胜（尚）王

白狄鲜虞古中山，
燕南赵北龙虎盘。
顺流二百水难复，
留世悲歌慷慨篇。

胜王：赵灭中山后的傀儡王

公元前296年，赵军攻破中山国都城灵寿，中山国𡢁䖵王逃到齐国。赵武灵王立了一个傀儡王，此人是中山嚳王的儿子，𡢁䖵王的弟弟，勉强也算战国时期的中山国君主之一。这位中山王在《战国策·赵策》中被称为“胜”，在《吕氏春秋》中也记作“胜”，而在《墨子·所染第三》里又称为“尚”。究竟是谐音导致史籍记载有异，还是该王另有别名，已无从考证。为避免混乱和记述方便，我们权且称之为“中山胜王”。

据《墨子·所染》记载，中山胜王即位后起用了一个名叫魏义的人为相国，一个叫偃长的人为上卿。他们都是中山国的“铁杆忠良”，对赵国怀有亡国之恨，无时不在惦记反赵复国，暗地里为中山胜王复国做着积极的谋划和准备，但渐渐被赵武灵王发现了蛛丝马迹。赵武灵王如何能够容忍中山国“咸鱼翻生”？当时的中山国局势趋于平稳，继续保留胜王也没有太大意义，还可能养虎为患。于是，赵武灵王带了3000骑兵奔赴中山国，将中山胜王强行押回白狄鲜虞人的老家肤施（今陕西榆林东南）。

另据《史记·秦本纪》记载：“（昭襄王）十一年（公元前296年），齐、韩、魏、赵、宋、中山五国共攻秦，至盐氏而还。”由此推论，中山胜王沦为赵国的傀儡不久，曾经随从赵国参与过对秦国的攻伐。“起灵寿，北地方从，代道大通”，说明赵国通往代地的大道被打通了。此后，中山胜王才被废掉了中山国国君称号，“迁其王于肤施”的。

中山胜王在位的时间很短，可能只有一年左右的光景。此后，鲜虞中山国在历史上便烟消云散，消亡得一干二净。

中山王魏击

幼年历练守中山，
继位争霸逐中原。
丰功伟业载史册，
一代英主万古传。

魏击：战国七雄中的一代英主

魏击（公元前432—前370年），魏文侯之子，是魏属中山国开国之王。魏文侯死后，魏击即位，史称“魏武侯”，公元前395至公元前370年在位。他是三家分晋后魏国的第二代国君，也是战国初期的中原霸主。

魏侯太子　中山为王

魏击作为魏文侯的嫡长子，将来是要继承先辈事业，开创光辉未来的，他任重道远，使命庄严，没有过人的才具断断不堪此重任。于是，魏击成了父亲魏文侯的重点培养对象。

早在魏击幼年，魏文侯就聘请儒学大家田子方作为家庭教师，苦心孤诣教授其修齐治平之道，孜孜不倦地辅导其经世致用之法。魏击禀赋聪颖，学问日长，才能剧增，被塑造得胸有丘壑，纵横捭阖，年纪轻轻就具备了领袖才能。

公元前412年，魏击大约20岁，受魏文侯命率军攻打繁、庞两地（约在今陕西韩城东南）。这是魏文侯对儿子的第一次实战考验。魏击锋芒初露，所向披靡，取得了繁、庞大捷，将当地百姓迁入魏国境内，干得实在漂亮。这是史料中发现的魏击最早的出征记录。从此，魏文侯对儿子更加器重。

公元前408年，魏文侯认为时机成熟，拜乐羊为大将攻取中山国，并派魏击随军出战，借此对魏击进行磨砺和锻炼。

魏击随乐羊攻伐中山国，“三年而拔之”，可谓旷日持久。其间，魏击与主帅乐羊协同作战，有胆有识，表现不俗。在战斗中，魏击往往身先士卒，披坚执锐，冲锋陷阵，彰显出勇毅果敢的少年英雄形象。经过三年的围攻，公元前406年，魏军攻占了中山国国都顾城（今河北定州），随即吞并了中山国全境。太子魏击被封为中山王，由赵仓唐辅佐，坐镇中山，独当一面，建立了魏氏中山国。

贫贱骄人　父慈子孝

魏击为中山王期间，为后世留下了两个经典成语，以辩证的处世哲理和传统美德流芳于世，启迪着后人。

第一个成语是“贫贱骄人”。据《史记·魏世家》载：魏文侯封太子击为中山国国君，魏击奉父王之命赴顾城。途中碰见了田子方，他是魏文侯的老师，也是魏击的老师，魏击便赶忙下车恭敬地拜谒，可田子方既不还礼，也不答话，还把头仰得高高的，态度十分傲慢。

魏击感到非常难堪，但因为田子方是父子两代的老师也不便发火，于是问道：“先生，是富贵应该骄傲呢，还是贫贱应该骄傲？”田子方反问道：“你说呢？”魏击趾高气扬地说：“富贵的人不愁吃穿，有权有势，别人都得尊敬他。当然是富贵应该骄傲！”田子方冷笑一声说：“我看贫贱应该骄傲！你知道吗？诸侯骄傲要失国，大夫骄傲要失官，贫贱的士人如果与诸侯主张不合，意见不被采纳，他就可以像丢掉一只鞋子一样，抛弃这个国家跑到别国去，没什么可惜的！”魏击听后深有所悟，乃长揖作谢。

第二个成语是“父慈子孝”。魏击在中山国为君，时间已经过了三年，但魏国斑和中山国都没有派使者进行过往。辅佐魏击的舍人赵仓唐向他进言说：“您身为人子，三年来未曾派遣使者去问候父亲，这不能算孝顺；您父亲身为人父，三年来也未曾探问儿子，也不能算慈爱。这是关乎伦理纲常的大事，不可稍有废弛。现在，我愿意充当您的使者，替您去问候您的父亲。请问，您的父亲有什么嗜好呢？”魏击说：“父亲最喜欢吃晨凫和北犬。”于是，赵仓唐准备了晨凫和北犬，奉魏击之命去献给魏文侯。

魏文侯听说儿子魏击派了使者前来进贡晨凫和北犬，很高兴地说：“击对我真是孝顺，知道我的嗜好。”魏文侯赏赐给魏击一套衣服，让赵仓唐速带回去，并命令他务必在鸡鸣之前面见太子。赵仓唐不敢怠慢，按照魏文侯的旨意，带着衣箱迅速返回中山国向魏击回报。

魏击听闻赵仓唐的禀报之后，立即起身跪拜，接受赏赐。他打开衣箱之后，发现衣服是颠倒放置的，赶忙说：“快！去准备车子，我要立即出发，父君要召见我。”赵仓唐说：“我回来的时候，并未接到君侯要召见您的命令啊！”魏击说：“君侯赏赐衣服给我，不是御寒的，是想召见我，因此命令你在鸡鸣时分赶到。《诗经》上不是说‘东方未明，颠倒衣裳，颠之倒之，自君召之’吗？”

于是，魏击便赶去晋见魏文侯。魏文侯非常高兴大摆宴席，盛情款待，并说：“疏远贤者而不亲近疼爱的人，实在不是为社稷谋福的好办法。”接着，把自己的小儿子魏挚封在中山国为王，召魏击回朝，以太子之尊留驻魏国斑。

魏击的舍人赵仓唐的行为不仅成就了一位慈父，也成就了一位孝子。

承爵魏侯 争霸中原

公元前 396 年，一代霸主魏文侯寿终正寝，太子魏击成了新一任魏国国君，是为魏武侯。魏武侯即位后，承担起了魏氏继续发展壮大的重任。凭借父亲给他留下的雄厚家底，经历了短暂的休整后，魏武侯雄心勃勃地开始了称霸中原的长期征战。

公元前 393 年，魏武侯命名将吴起伐秦，大败秦军于注城（今河南临汝西）。过了两年，即公元前 391 年，魏武侯第一次与韩国、赵国结成“三晋同盟”，共同讨伐楚国。三国联军攻占楚国的军事重镇大梁（今河南开封）和榆关（今河南中牟西南），并轻取襄陵（今河南睢县），随后向楚国腹地挺进。楚国朝堂一片惶恐，楚悼王派遣使臣向三晋同盟求和，但其拒不退兵。楚悼王只好派人以重金贿赂秦惠公，又派使臣入齐国，希望秦、齐两国干预三晋同盟的进攻。

秦惠公收下楚国贿赂，即派兵攻打同盟三晋同盟之中最弱的韩国，攻取了宜阳（今河南宜阳西）6 座城池。三晋同盟被迫放松了对楚国的紧逼。公元前 390 年，魏武侯协助韩军直扑秦军主力，与秦军大战于武城（今陕西华县东），未分胜负。在吴起设置陕县（今河南三门峡西旧陕县），密切注视着秦军的动向。在三晋同盟与楚国的争斗进入尾声时，齐国陈和率军攻打襄陵的魏军，并乘机占领襄陵城。

公元前 389 年，秦惠公破釜沉舟，举倾国之兵 50 万进攻魏国的重要城镇——阴晋（今山西华阴东）。秦军在阴晋城外排兵布阵，一场大战一触即发。魏武侯亲自到前线犒劳将士，魏军上下士气高昂。吴起率领 5 万魏军、战车 500 乘、骑兵 3000 反击秦军。魏军作战勇猛，更因有吴起为将，个个以一当十，大败秦军于阴晋城外，取得了辉煌的战果，史称“阴晋之战”。此战过后，秦军衰落到极点，基本丧失了对三国联军的抵抗能力，吴起趁机率军进入关中平原，势如破竹，横扫河西。

公元前 387 年，吴起再次率兵攻打秦军，打败秦军仓促间集结的残余部队于武下（今陕西华县东），并继续向秦国腹地推进，秦国进一步衰落。

公元前 383 年，赵敬侯涉足中原，攻打魏国的附属国——卫国。卫慎公不能抵挡，急忙向魏武侯求救，魏武侯出兵大败赵军于兔台（今河南清丰西南）。这是魏氏与赵氏的首次火并，标志着三晋联盟的瓦解。

公元前 382 年，赵敬侯对魏武侯插手赵国攻打卫国一事耿耿于怀，修筑了刚平城（今河南清丰西南），决定再次对卫国出手。魏武侯又联合当时主持齐国国政的陈侯剡，共同进攻赵军。卫慎公依靠魏、齐两国的支援，出兵攻取了赵国新修筑的刚平城，一直打到中牟（今河南中牟），夺取了赵国黄河以东的大片土地，赵国与魏国、齐国、卫国的矛盾升级。

公元前 381 年，赵国出兵攻击侵略到本土的卫军，魏武侯派军队大举攻打赵国，赵敬侯遣使臣向楚国求救，楚悼王派军协助赵军，攻打魏国后方，使魏国首尾难顾。赵敬侯乘机反攻，夺取了魏国的棘蒲邑（今河北魏县南），不久又占领了黄城（今河南内黄西）。魏武侯鉴于多线作战的困乏，齐、楚等大国的日益崛起，不得不向赵敬侯求和，希望重温三晋同盟的旧梦。赵敬侯此时也期望能以和平的方式与强大的魏国和好，三国再次联合。

公元前 380 年，齐国的陈侯剡举兵攻打燕国，攻占桑丘（今河北徐水西南）。燕简公向赵敬侯求救，赵敬侯立刻将军机要务告知魏武侯与韩文侯。三国之君各自率领军队，兵合一处援救燕国，大败齐军。

公元前 378 年，田齐再次出兵攻打燕国。燕简公再次向赵敬侯求救，赵敬侯率军攻打齐国。魏武侯与韩文侯在赵敬侯的拉拢下，很快被卷入战争。这样，联盟瓦解后的三国再次联合，大败齐军。齐军惧怕三晋同盟之威，不断后撤，三国联军攻入田齐本土，直至兵临灵丘（今山东高唐南）才退兵。

公元前 377 年，居留在山西翼城一带的赤狄遗民听到鲜虞中山在桓公领导下取得复国斗争的胜利，备受鼓舞，精神大振，于是遥相呼应，奋起反抗，发起了大规模的武装起义反对魏国。公元前 378 年，魏武侯派弟弟魏挚领兵前去镇压，与赤狄义军大战于浍水（今山西临汾境内曲沃至翼城之间以南），结果魏军再次被击败，此役给予魏国沉重的打击。

公元前375年，魏武侯决定先发制人，与楚军大战于榆关。

公元前373年，魏武侯趁陈侯剡被弑，齐桓公田午初立国势不稳，联合燕国、鲁国、卫国大举讨伐田齐。燕军败齐于林狐，鲁军攻齐至阳关，魏军伐齐至博陵（今山东茌平西北）。

公元前372年，由于卫慎公病死，卫国暂时停止了与魏武侯的共同军事行动。这年卫声公即位，攻取了田齐的薛陵（今山东阳谷东北）。赵成侯密切窥视着中原诸侯的一举一动，当他看到魏国、鲁国都出兵攻齐，而且临近的卫国也发兵呼应时，乘卫国国内空虚之机，发动了对卫国闪电式的攻击，连下卫国73座城邑，卫声公大惊失色，连忙向魏武侯申述。魏武侯认为，赵成侯的行动明显是要与以魏国为首的中原诸侯为敌，便亲自率兵攻打赵军，败赵军于蔺（今山西离石）。

魏武侯在位26年，一味穷兵黩武，其结果如何呢？

用人不善　吴起奔楚

魏武侯在战场上可以与其父魏文侯比肩，但在用人方面却逊色许多。魏文侯时期“师子夏，友田子方，礼段干木”，有李悝、吴起、西门豹等名臣，吴起、乐羊制其兵，各司其职，文武相济，魏国大治，开疆拓土，盛极一时。魏武侯继承基业之后，老臣虽然都在，但由于魏武侯控御无道，致使人才流失。

吴起是战国时期著名的政治家、改革家、军事家、思想家。他一生在内政、军事上有极高的成就。在群雄角逐、干戈四起的纷乱岁月，吴起辅佐魏文侯成就了宏伟霸业。

魏文侯死后，吴起效力于魏武侯。魏国选相，吴起的支持度最高，可是魏武侯却任命另一位重臣田文为相。吴起感到自己受了冷落。田文死后，魏武侯又任命公叔痤为相。公叔痤的妻子是魏国公主，公叔痤嫉贤妒能，对吴起的才干非常忌恨。他对魏武侯大进谗言，诬陷吴起有叛国投敌之心，称君侯如果不信可以把一位公主许配给吴起，他如果忠于魏国必定会欣然接受，否则会固辞不受。魏武侯同意以此方法试探吴起。

随后，公叔痤亲自把吴起邀到府上，并让公主故意发怒轻慢吴起。吴起感到娶一个公主做老婆竟然要遭受如此轻贱，实在太不幸福，就辞谢了魏武侯的赐婚，使得魏武侯对他产生了疑心。吴起感到魏武侯对自己越来越不信任，随时可能招致杀身之祸，心中既委屈又害怕，于是他离开魏国投奔到楚国。

吴起的避祸出走不仅使魏国失去了国之干将，也使大批忠贞之臣心灰意冷。魏文侯开创的“贤人是礼，国人称仁，上下和合”的局面，到魏武侯时期已经不复存在了。

策略失误　霸业贻失

三家分晋之后，魏文侯率先强盛起来，联合韩、赵两国形成了三晋联盟称雄于世。魏武侯执政后，他的战略眼光没有他的父亲那么高远清晰，造成了外交的失误。

三晋联盟是魏国称雄的根基，到了魏武侯时期，联盟之中却出现了危机。魏国与韩国携手在中原大张旗鼓地进行着扩张战争，一直未让赵国插手中原的事务，这是魏文侯在世时就立下的国策。魏文侯去世后，魏武侯仍按照父亲的战略路线走。按说，魏武侯只是遵嘱而行无可非议，但事态是变化的，墨守成规是要命的。随着战争的进一步扩大，战果也越来越丰厚。小的战役，韩魏联合，或是魏国一家出面；大的战役三国联手，得到实惠的却往往是魏国、韩国，赵国总是占不到便宜。赵国一直处在被魏国利用的境遇，它怎能甘愿充当此种角色呢？

赵烈侯在位时期，利用公仲连实行变法，国力为之一振，处于急剧上升阶段。羽翼渐丰以后，赵国便暴露出了对魏国称霸的不满，甚至不顾三晋联盟之约，与魏国的关系搞到了剑拔弩张的程度。公元前 386 年，赵敬侯将都城迁往战略要地邯郸，标志着赵国也要开赴中原争霸的战场了。

魏武侯虽然意识到了赵国对魏国外交态度上的转变，可他没有魏文侯那样大度，或者说没有他的父亲那样高瞻远瞩。魏武侯不仅没想过舍弃自己一部分利益去争取赵国，再度成为携手并肩的盟友，更没有想过赵国背盟后，三国就要窝里斗了。他只想如何削弱赵国，然后吞而并之。

公元前 387 年，也就是迁都邯郸的第二年，赵敬侯病死，赵成侯即位，公子朝不满，率领亲兵欲与赵成侯血拼，争夺君位。魏武侯企图扶植亲魏势力，派遣军队协助公子朝作乱，直接攻打赵都邯郸。结果魏军被赶出邯郸，魏武侯的阴谋没能得逞，这是魏国与赵国关系破裂的起点。赵国终于忍无可忍，决定摆脱魏国的控制，三晋联盟走到了尽头。当魏国想再次发动大规模扩张战争时，总担心赵国会乘虚而入，后来的事实证明这是魏武侯外交策略中最大的失误。

在战国初期，魏武侯不仅错误地放弃了与赵国的联盟，在应对其他诸侯强国时，也犯下了不少战略性错误。

秦国是魏国的宿敌，双方经常大打出手。魏文侯在晋国为卿执政时，魏氏如同吃了兴奋剂，实力急剧膨胀，三晋同盟屡次攻打秦国。特别是名将吴起上任后，秦国吃尽了苦头，后来吴起被迫投奔楚悼王，秦国终于有了喘气的机会。

另一重大失误是对秦国公子师隰缺乏清醒的认识。师隰本来是秦灵公的太子，为秦国储君，因秦国内部政治倾轧逃到魏国避难。后来秦国政局动荡，魏武侯想帮助师隰回国，让他坐上秦君的宝座，这样魏国便能在秦国树立亲魏势力，可以为魏武侯争衡天下减轻不少压力。然而，师隰颇有大志，不甘心做魏国的傀儡，况且秦、魏两国还是世仇。公元前 385 年，师隰潜回秦国，后即位为秦献公。秦献公即位后没有丝毫意愿要报答魏国的收容之恩，反而将魏国的政治体制用于建设秦国。短短几年，秦国便摆脱了被魏国穷追猛打的尴尬境地，潜心质变，一股封建改革的热潮正在关中大地勃然兴起。

楚国在春秋时期就与晋国势同水火。三家分晋后，饱受内乱之祸的楚国已经十分落后。当三晋同盟将扩张的矛头对准楚国时，楚国输得一败涂地，曾经能与晋国争霸的强国，已经衰落得不堪一击。

楚悼王意识到了自己国家的落后，盼望能得到贤人的辅佐，却难以找到贤才。正在这时，魏武侯把名将吴起“送”给了楚悼王。楚悼王如获至宝，立刻把军政大权委托给吴起。吴起得到楚悼王格外的器重与礼遇，便全心全意地为楚国改良国策、开疆拓土。如此一来，魏消楚长，楚国与魏国间的国势几乎势均力敌了。

齐国末期，权臣陈和操控着齐国的绝大部分资源和权力，当他看到时机逐渐成熟时，便想掌握齐国的一切权力，可陈和毕竟还不够强大，去周王室讨封不一定能够成功。于是，陈和派人向魏武侯送礼，请求魏武侯帮忙处理齐国君权的问题。魏武侯心想：如果帮助陈和讨封成功，那么陈和必然会亲近魏国，这样就有可能操控齐国朝政，何乐而不为呢？

公元前386年，在魏武侯的争取下，陈和被周王封为陈（田）侯。公元前379年，齐国末代国君逝世，陈和以国君无嗣为由，彻底拿掉国君掌控的原本不多的疆土和权力。

魏武侯本想着借此机会控制齐国朝政，却没想到为自己树立了强大的敌人。陈和统领着一个新兴的齐国，充满了活力，不但不听魏武侯指挥，还要与魏国一争高下！32年后，即公元前354年，齐军围魏救赵，击碎了魏国统一三晋的梦想。公元前341年，齐军大败魏军于马陵，马陵之战成为魏国衰败的起点，陈和的孙子齐威王成了魏国霸业的终结者。

魏武侯仰仗着父辈留下的强大国力称霸中原，将魏国的百年霸业一度推向了高峰。可惜，魏武侯在位的26年间，虽然长期进行争霸战争，却没有任何清晰的战略意图，未能取得太大的实质性进展，反而结仇于诸侯，当齐、楚、秦、赵等周边大国纷纷崛起时，魏武侯自负地相信可以凭一国之力长期称霸中原，完全没有危机意识。到魏武侯晚年，魏国的扩张已无能为力了。

公元前370年，魏武侯去世，其子魏罃即位，是为魏惠王。随后，在各个大国的夹击中，魏国终于国力枯竭，彻底走向了衰落，从此一蹶不振，魏国的霸业就此终结。

中山王魏挚

李克辅挚治中山，
建树卓著富民典。
法经堪称稀世宝，
安邦定国铸指南。

魏挚：魏治中山的二代王

公元前406年，魏文侯攻灭中山国后，命长子魏击镇守。3年后，中山王魏击回朝复太子位，魏文侯改封其幼子魏挚继任中山王。

魏挚在中山国为王时，非常倚重辅臣李悝。一说李悝的别名为李克、李兑，是战国时期杰出的政治家，他继承法家先驱思想，进行了一系列卓有成效的革新。

在发展经济方面，魏挚鼎力支持李悝提出的“尽地力之教”和“平籴法”。所谓“尽地力之教”，主要是破除旧有的阡陌封疆，鼓励自由开辟耕地，充分利用土地。例如，规定房前屋后要种植桑树，田间地埂要种蔬菜、瓜果；为避免自然灾害对单一作物的影响，规定必须同时种上五谷杂粮。这些都是为了增加农产品，防止自然灾害导致农民贫困破产。李悝看到从春秋到战国初刚刚发展起来的小农经济十分脆弱，如不对其大力扶持，遇到天灾人祸就会破产。其后果必将是人民四处流亡，劳动力丧失，土地荒芜，税赋无收，国库空虚，从而造成“盗贼”四起，威胁国君的统治。为解决这个矛盾，他一面采取“尽地力之教”，另一面实行“平籴法”。

“平籴法”就是遇到丰年，农民除了交纳什一税，留下自用的粮食外，公家把农民剩余的粮食按照平价买进，待到灾荒之年再把粮食按照平价卖出。这样，不管年景好与不好，国内粮食的价格总是平稳的，百姓的生活总是安定的，政府的财政收入也有了保证，从而实现国富民强，使魏的统治得到巩固和发展。

“尽地力”和“平籴法”互为补充，从不同的角度促使农民勤于耕垦。据《汉书·食货志》载，李悝认为“籴甚贵则伤民，甚贱则伤农。民伤则离散，农伤则国贫”。为了使政局稳定，就得让农民生活安定，重要的是鼓励农耕，使农民的生存和土地紧密相连，尽量避免农民因年景丰歉而出现大的流散。

在政治上的革新，《说苑·政理》中说：魏挚重用李悝实行“食有劳而禄有功”，“夺淫民之禄，以来四方之士”。具体地说，就是废除旧的世卿世禄制，改为按功劳的大小和对国家贡献的多少，分别授予职位和新的爵禄。对于那些于国家没有贡献，只靠父辈的爵位享受特权，穿着华丽的服装，出门乘着车马，回到邸衙又沉浸在舞乐中，不以为耻反以为荣，作威作福的“淫民”，其特权则予以剥夺，并用这些爵禄去招揽四方新型地主阶级所需要的士人。这样一来就打击了残余的旧势力，限制了守旧地主大户的大肆扩张，为新兴封建阶级的上升打开了方便之门，有利于新兴地主阶级力量的发展壮大，使社会发展保持相对均衡。

为了进一步巩固新兴封建政权，魏挚力挺李悝用法律的形式把新兴地主阶级的利益稳固下来。他收集整理了春秋后期以来各国的法律条文，“集诸国刑典”之大成，结合魏国当时的实际情况，编制了我国历史上第一部系统的封建成文法典——《法经》。

李悝所做的一切自然是魏挚支持的结果，应该说，魏挚是决策者，而李悝是执行者。魏属中山国得到一定程度的繁盛和壮大，是君臣协力的成果。

魏牟："中山君相魏"

中山公子牟，魏国之贤公子，是魏属中山国第三代王，由于好与贤人游，不恤国事，而悦赵人公孙龙。鲜虞族中山桓公率领复国大军攻破魏属中山国顾城，魏挚率领残部逃回魏都安邑城。公子牟于魏惠王二十八年（公元前343年）"中山君相魏"，即被魏国国君任命为相国。

定州署照壁阴面《定州署赋》雕刻景

第三辑　西汉中山王

公元前206年，汉朝始立，刘邦做了首任皇帝，史称“汉高祖”。西汉初年，汉高祖刘邦将原来的中山国设置为中山郡。汉景帝刘启出于加强中央集权政策的需要，沿袭战国时期的称谓，将中山郡晋升为中山国。汉景帝的儿子刘胜于公元前154年被册封为中山国第一代国王，史称“中山靖王”，领14县，以卢奴为都城，即现在的河北省定州市。公元8年，王莽篡汉称帝，第二年一改汉制，中山王被贬为中山公，西汉中山国王系终结。西汉中山国传承了十代国王，历经163年，减去中间两次除国的19年，西汉中山国实际存在了141年。

中山靖王刘胜

世态炎凉瞬息变，
争名夺利起祸端。
自足慎行平生乐，
福祸稳握乾坤盘。

靖王刘胜：贪酒藏拙，胆大恋色

刘胜12岁时被封为中山王，他是汉景帝刘启的第九个儿子，也是西汉首任中山王。他既不过问政事，也不干涉地方，更不安抚百姓。那他每天忙些什么？听音乐，御声色而已。耳听丝管，手举醇醪，怀拥美女，这真是神仙一般的生活。那么，他是不是完全丧失了职业责任和社会责任呢？

客观地说，一味地纵情酒色，固然有骄奢淫逸之嫌，容易遭人诟病，但从当时的时势背景来看，这是他静观时局、审时度势、韬光养晦、自我保全的一种策略。

幼年封王　世态炎凉

刘胜的处世策略是他经历了各种残酷无情的政治斗争后，时时告诫、自我警醒的结果。

他目睹了历史上有名的“七王之乱”，其间的血腥残酷、杀伐诛戮对他的影响是刻骨铭心的。

谋反的主要头目是吴王刘濞，他性情彪悍，野心勃勃，肆意违法乱纪，反叛自立的迹象越来越明显。其他势力强大的诸侯国，也有与朝廷分庭抗礼的趋势。御史大夫晁错见形势险峻，力主削弱势力强大的诸侯。

晁错的主张惹恼了诸侯各王，更是逼急了刘濞。当汉景帝下诏要削夺刘濞所属会稽、豫章两郡时，素有不臣之心的刘濞便与赵、楚等七国组成联盟，打着“诛晁错，清君侧”的旗号，“以安刘氏天下”为名，举兵反叛。

叛军来势凶猛，晁错又受到政敌的暗算和攻击，导致汉景帝在慌乱之中判断失误，竟将晁错腰斩，以求乱军退兵。岂知“诛晁错”是假，武装夺取政权是真。刘濞以“东帝”自称，率领20万兵马直逼都城长安。汉景帝派周亚夫平息了叛乱，杀死了刘濞，将他的王后、嫔妃、儿女、心腹爪牙屠戮殆尽，无一人被赦。

天下安定后，周亚夫任丞相，但他的性情过于刚烈直爽，朝廷议事时一旦有不同意见，他便对汉景帝直言相谏，弄得汉景帝很没面子，对他越来越疏远。后来，周亚夫被人诬陷入狱。他无故受冤，气得恼怒难当，便以绝食抗议，五天后吐血身亡，落为忠君冤鬼。

一场场血腥的残杀、一幕幕悲剧的展演，深深铭刻在刘胜的心灵深处，使他感到世事无常，人生多舛，稍不留心就会身败名裂，家破人亡，身首异处。这种险恶环境促使刘胜反躬自省、沉思静悟，他需要一个确保身家性命不受伤害的万全之策。

他首先剖析了刘濞。如果刘濞安守本分，不但自己锦衣玉食，后世儿孙也有享不尽的福荫，但他争强好胜、野心膨胀、涉欲过高，竟然铤而走险，起兵夺权，才招致杀身之祸，殃及子孙。这种不安分的“王爷”，刘胜是断然不想步其后尘的。

然后他又审视晁错。晁错力主削藩，巩固国本，其谋国之忠无人可比，但他忽视了自己的安危，行事过于操切，引起剧烈反弹，反而在“七王之乱”中成了起兵的借口。最终，他被汉景帝当作替罪羔羊，死得毫无价值。假如晁错能够“怀柔”一些，断然不会有此结局。

周亚夫虽被尊为丞相，功高盖世，但他直率而不委婉的性格，刚正而不屈从的本性，使得汉景帝屡生不悦。在遭遇诬陷时，周亚夫居然以死相抗，最终自戕其命，这让刘胜觉得周亚夫实在是一个坏榜样。他如果对皇帝的决定顺从将就一些，上谏时温婉恳切一些，入狱后冷静隐忍一些，还会不得善终吗？

刘濞、晁错、周亚夫三人，从不同的侧面、不同的年龄阶段，影响了刘胜，成了他的三面镜子，使他清楚地看到：乐酒、好内是朝廷容许的，藩王在封国内享受荣华是朝廷恩赐的。而棱角分明、锋芒毕露、行事招摇、个性张扬等一切不加收敛的言行都很容易引起朝廷的猜忌和反感，至于招降纳叛、蓄养兵丁、谋权作乱，更是朝廷所不能容忍的。

韬光养晦　乐酒好内

乐酒好内，是富贵阶层的集体爱好。刘胜作为皇亲贵胄，又是一藩之王，属于富贵族群中的上榜人物，贪杯好色自然是常事。

刘胜曾对他的胞兄赵王刘彭祖说：“老兄你做藩王，应该把那些具体的事务交给下属官吏操办。作为王者，就应该听音乐、喝美酒、好美色。”这既是刘胜的肺腑之言，也是他的为王之道。

说刘胜是“乐酒好内”的中山王，史籍多处有载，司马迁对刘胜的明确评价是：“刘胜为人乐酒好内，有一百二十多个子女。”班固对刘胜的评价与司马迁相同，所不同的是将其“有一百二十多个子女”，改为“有儿子一百二十多个”。那么多儿子就已经很吓人了，如果再加上女儿，刘胜的孩子就多得无法数清了。《汉书》本传注引颜师古也说：“刘胜好内，耽于妻妾也。”

唐代诗人李白所作《中山孺子妾歌》中，同样把刘胜的妻妾描绘得一笑倾城、二笑倾国、三笑颠覆世界。

刘胜的“乐酒好内”，从满城汉墓刘胜墓的出土文物中也能得到佐证。其中，造型精致的酒器、酒具花样百出，不胜枚举，女性用品更是琳琅满目、种类繁多，甚至还有性用具。

说刘胜是“乐酒好内”的中山王，本人有述、史籍有载、文物有证。但是，如果只看到刘胜好色贪杯、吃喝玩乐的一面而罔顾其他，那么九泉之下的刘胜一定会委屈得老泪横流。种种迹象表明，刘胜的“乐酒好内”是一种伪装，他刻意把自己装扮成一个胸无大志、耽于酒色的平凡之人，从而避免了汉朝皇帝的猜疑和顾忌。

汉之英藩　佳典传世

汉景帝死后，刘彻即位，这就是大名鼎鼎的汉武帝。刘彻即位后，公卿大臣以“七国之乱”的教训为由，动不动就上奏诸侯王的过失，还要求进一步削弱诸侯王的势力。这让那些安分守己的诸侯王感到委屈惶恐，决计向汉武帝刘彻诉说衷肠。

这一年（公元前 138 年）的十月初一，诸侯王按惯例前来朝贺皇帝。他们磕头如捣蒜，山呼万岁之后，音乐响起，刘胜按照与几位同病相怜的诸侯王商定的计谋，像孩子找不到老娘一样呜里哇啦哭起来。汉武帝本来心花怒放，听到哭声后觉得十分败兴。问他们无缘无故哭什么？刘胜即席做了一番应答，这番话就是赫赫有名的《闻乐对》。刘胜大意是说：“我心里有个疙瘩好久解不开，每当听到微妙婉转的声音，就情不自禁地哭哭啼啼。我怎么会这个样子呢？因为微妙婉转的声音聚集的力量也不小，就好像众人吹气能把大山移动，成群的蚊子声音犹如雷鸣，朋友和死党结成一伙能逮住老虎，10个老爷们儿可以弄弯铁锥。所以，周文王被拘于羑里，孔子被围在陈、蔡。这就是人多了能形成某种风气……我刘胜远离京师又无亲友，人家说我什么，我也听不见，更无法辩白澄清。如果众口一词诋毁一个人，真能置人于死地！就像路上的草丛看起来又软又轻，车子走得时间长了，也会被磨断车轴！麻雀长着翅膀可以飞翔，一旦受惊就张皇失措，一头栽进罗网。想到这些，我就很伤心，止不住又要流泪……我刘胜虽然轻微卑下，所幸得到帝王的亲近，既给予东方藩王，又属称皇帝为兄。现在，群臣只不过是葭莩之亲那样的关系、鸿毛这样的重量，他们在一起起哄乱说，使咱们一家人彼此嫌弃、骨肉不亲。这就是伯奇所以流离失所，比干所以身首分离的原因……"

刘胜在原文中借乐生情、借史喻今，情真意切，委实说得漂亮。他说主张削弱诸侯王势力的"群臣"是"群居党议"的"谗言之徒"，他在担忧和不安之余，奉劝汉武帝不要再削减诸侯封地，以免造成"宗室摈却，骨肉冰释"，并把自己比作因孝敬继母而被迫流离出逃的伯奇、苦谏纣王剖心横分的比干，情感真挚、言辞恳切，令人心动。刘胜的哭诉虽然没有完全达到目的，但是有效。汉武帝对诸侯王的政策较之前宽松了一些，改善了诸侯待遇，体现了宗亲关怀。

《闻乐对》中引用了许多典故，从文学角度来看，刘胜的词意颇为悲壮，寓意尤其绵长。例如，"葭莩之亲、聚蚊成雷、龙盘虎踞、鸾翔凤集、众口铄金"等成语均出于此。《闻乐对》使用了6个典故，至少涉及8个人物，引用恰当，层次分明，论证充分，以理服人。刘胜虽然在政治上不能挽救中山国及其他诸侯国逐渐衰落的命运，但在文学方面的造诣得到了后人的高度赞赏。唐司马贞的《史记索隐》记载，《闻乐对》"其言甚雄壮，词切而理文"，并因此认为刘胜是"汉之英藩"，即汉代杰出的诸侯王。

刘胜在文学创作方面的成就除《闻乐对》外，还有一篇《文木赋》。《西京杂记（卷下）》记载，汉景帝之子鲁恭王刘余得到了一块材质致密的文木，将之做成器具，并十分喜爱它。刘胜为之作赋："丽木离披，生彼高崖。拂天河而布叶，横日路而擢枝。幼雏羸鷇，单雄寡雌；纷纭翔集，嘈嗷鸣啼。载重雪而梢劲风，将等岁于二仪。巧匠不识，王子见知。乃命班尔，载斧伐斯。隐若天崩，豁如地裂。华叶分披，条枝摧折。既剥既刊，见其文章。或如龙盘虎踞，复似鸾集凤翔。青绸紫绶，环璧珪璋。重山累嶂，连波叠浪。奔电屯云，薄雾浓雰。麇宗骥旅，鸡族雉群。绸绣鸯锦，莲藻芰文。色比金而有裕，质参玉而无分……”鲁恭王看了这篇赋非常欣赏，送给刘胜两匹不能拉车犁地，只能纵踢狂奔的疯马——他们叫之骏马。

《文木赋》是一篇非常优秀的汉赋，在汉赋中占有重要的地位。它文辞优美、想象丰富、境界极高，对文木的赞美和描写都达到了无与伦比的地步，把一个静态的“木”写活了、写神了、写绝了，以至于后世的诸多文人对文木的描写，都很难超越刘胜的境界。刘胜的《文木赋》对木纹及其万千姿态的倾心描绘、大加歌颂，几乎将木纹之美丽神化为人类的理想境界。作为一种精神创造，刘胜的“木头文化”已然成为中国历史文化的神来之笔，它对于中华精神家园的营建所起的积极作用更应受到重视。

有关这篇赋的评价，《汉书·景十三王传》补注引沈钦韩说：“则（刘）胜固优于文者。”意思是刘胜肯定比其他文人优秀。

刘胜的《闻乐对》和《文木赋》是现存的史料中，仅能找到的他的两篇作品。这两篇文章文字优雅，意象深远，触动灵魂。文章中多用骈文，也有散句，大量使用比喻、排比、对仗、比拟、引用等修辞方法，富有诗韵，读起来朗朗上口，令人回味无穷。

我们知道，老庄的哲学是清静无为，儒墨的哲学是积极入世。刘胜有没有给世人留下哲学层面的思考呢？

没有任何证据表明，由于刘胜吃喝玩乐，不理政务，造成国势颓败，民生困顿，治安混乱。他不理政务，不等于没有人替他打理政务；他沉溺酒色，不等于所有人都沉溺酒色。所以，刘胜一味逍遥自在，应该是他深谙老庄哲学。另外，他的中山国并不缺乏有效管理，说明他精通儒墨哲学。两种哲学糅合在一起是什么哲学？我们权且称为“水”的哲学。

刘胜有没有政治才能？肯定有。在《闻乐对》中，他借古喻今、据事言理，迂回委婉地阐明了自己的主张。当他看到削藩必将继续，自己的地盘仍然逃不过被压缩、被削夺的趋势时，就再也没有任何动作，而是对汉武帝忠心耿耿。因为汉武帝是坚固的地形，刘胜是水，水必须根据地形、地貌改变自己的流向，否则不是被整治修理，就是被阻塞干枯。所以说，刘胜掌握了“水”哲学的精髓。

刘胜沉溺酒色，固然有其人性本能的表现，但更多的是为了掩盖他的才能。晁错有才，一度位高爵显，当朝廷需要有人做出牺牲时，首先选择了他，“出头的椽子先烂”。才能该发挥时才发挥，能发挥多少发挥多少，不能发挥的时候就要甘于寂寞，独善其身。这与水一样，在宽阔的流域，就波涛汹涌；在狭窄的流域，就潺潺分流；在重阻的流域，就迂回绕行。这一点晁错不懂得，刘胜却吃透了。

俗话说，“杀猪杀肥的，宰狗宰不看家的”。一个人表现得过于平庸，不务正业，也很危险。刘胜非常明白这一点。他在“肥猪”与“懒狗”之间，拿捏得非常到位。他沉溺酒色，不理政务，貌似“懒狗”，但他的中山国物阜民丰、繁荣昌盛，俨然是“肥猪”模样，这就让人抓不到他的任何把柄。没有大智慧，是达不到如此境界的。

刘胜凭借他的生存智慧，以“水”哲学为处世之道，韬光养晦、应时顺势，以“乐酒好内”做护身宝符，风流快活地过了一辈子。

他的子孙照葫芦画瓢，虽然画得很不像样，但安分守己、不惹是非这两项都被继承了下来，中山国得以平平安安地传承了 100 多年。刘胜对“水”哲学的参悟和巧妙运用，不但惠护了子孙后代，而且对今人仍有借鉴价值。

元鼎四年（公元前 113 年）二月，中山王胜薨，在位 42 年，享年 52 岁，谥号为“靖”。“靖”的意思为“宽乐令终”，刘胜的德行与之相符，史称“中山靖王”。

罕见的藏宝馆：刘胜墓

1968年6月至9月，河北省满城区陵山出土了西汉中山靖王刘胜及其夫人窦绾墓。周恩来总理让中科院院长郭沫若负责该墓的发掘工作，出土了金器、银器、铜器、铁器、玉器、石器、陶器、漆器、丝织品等珍贵文物1万余件，其中包括“金缕玉衣”“长信宫灯”“错金博山炉”等著名器物。刘胜墓实乃罕见的藏宝馆。

金缕玉衣 刘胜玉衣全长1.88米，用玉片总计2498片，金丝约1100克。玉衣的外观和男子体形一样，宽肩阔胸，腹部突鼓，四肢粗壮，腹下有男性生殖器罩盒，头部有高高隆起的鼻子，3个狭窄的缝隙代表双眼和嘴。玉衣分为头部、上衣、袖筒、裤筒、手套和鞋6个部分，每个部分都可以分离，犹如制衣工人裁剪缝制的一件衣服，其中头部由脸盖和头罩构成，上衣由前片、后片构成，袖筒、裤筒、手套和鞋都是左右分开的。所用玉片大部分呈长方形或正方形，也有梯形、三角形、四边形和多边形，其中最大的玉片长4.5厘米、宽3.5厘米，用在脚底；最小的玉片只有成人拇指盖大小，用来表现手指。与金缕玉衣相伴的还有鎏金镶玉铜枕、玉九窍塞、玉握和18件殓尸用玉璧，组成一套规格最高的汉代丧葬用玉。窦绾的金缕玉衣略小，全长1.72米，用玉片总计2160片，金丝约700克。两套金缕玉衣保存完整，形状如人体，每片玉片的大小和形状都经过严密设计和精细加工，可见当时高超的手工艺水平。这两套完整的金缕玉衣葬服，既是闻名中外的重大发现，也是首次发现，是十分珍贵的历史文物，堪称国宝。

长信宫灯 长信宫灯出土于刘胜夫人窦绾墓，为宫女跪坐执灯的形象。灯高48厘米，通体鎏金，灯的各部分是分铸而成，可以随意拆卸，结合起来便天衣无缝，构成了一个完美的整体。它的灯盘可以转动，灯罩可以在圆形轨道内开合，因此可以根据需要调节光亮的明暗和照射的方向。宫女的体内中空，灯火的烟滓可以通过宫女的右臂进入体内，停滞在灯身中，以保持室内的清洁。其科学性令人叹为观止，考古学和冶金史研究专家一致认为，此灯设计之精巧、制作工艺水平之高，在汉代宫灯中首屈一指，实乃惊世之作。1993 年，长信宫灯被鉴定为国宝级文物，被誉为“中华第一灯”。美国前国务卿基辛格来华访问时曾参观长信宫灯，并感慨道：“2000 多年前中国人就懂得了环保，真了不起!”

错金博山炉 刘胜墓还出土了错金博山炉、鼎形铜熏炉、带提笼熏炉、透雕盘龙博山炉、骑兽人物博山炉等大量炉具，其中以国宝错金博山炉最为精美。它的炉身似豆形，通体用刚柔相济的金丝和金片错出舒展的云纹，把香料放入点燃，香烟通过炉盖的许多小孔袅袅上升，弥漫房中。博山乃古代神话中的仙山，错金是金银镶嵌的一种工艺。炉盘上部和炉盖则铸出高低起伏、挺拔峻峭的山峦，以象征陆地和群山。炉盖上就山势镂孔，山峦间有神兽出没，虎豹奔走，机灵的小猴或是蹲在山峰高处或是骑在兽背上嬉戏玩耍，猎人则在山中巡猎。一幅秀丽生动的自然山景就在工匠们的鬼斧神工中跃然而出。炉座把透雕成 3 条蛟龙腾出波涛翻滚的海面，以龙头擎托炉盘。在炉座把的山海之间饰龙纹，蕴含着龙为沟通天、地、人三界的通天神兽的时代观念。其工艺之精湛，举世罕见。

鎏金铜壶 鎏金铜壶通体用鎏金、鎏银工艺装饰，全壶金银相间、黄白互映，异常华丽。壶底铭文显示，此壶是主司膳食的官员用来盛酒的器物。铜壶通高 59.5 厘米、腹径 37 厘米，重 16.25 千克，1968 年出土，侈口、束颈、鼓腹、圈足，腹部一对铺首衔环。口部和圈足饰鎏银卷云纹带，颈部饰金银相间的三角纹带，腹部饰 4 条独首双身的金龙相互翻卷盘绕，并缀以金色卷云纹。铺首鎏金，盖面饰 3 只鎏金夔凤，盖缘饰鎏银卷云纹，盖竖 3 个鎏银云形纽，卷云纽鎏银，纹饰金银相映，富丽堂皇。壶内壁髹（休）朱漆一层。壶底铭刻“楚大官，槽，容一石口，并重二钧八斤十两，第一”等字，镌刻字迹潦草不规整。

五项全国之最 一是 4 枚金针、5 枚银针、“医工盆”，以及小型银漏斗、铜药匙、药量、铜质外科手术刀等，组成了一整套迄今为止发掘出土的质地最好、时代最早、保存最完整的西汉时期的医疗器具；二是计时器铜漏壶是迄今为止出土的年代最早的古代天文学器物；三是一个由石磨和大型铜漏斗组成的铜石复合磨，是我国目前所见体积最大、时代最早、设计科学、构思奇妙的铜石复合粮食加工工具；四是我国最早采用刃部淬火新工艺的铁剑，刘胜的铁铠甲是迄今为止考古发掘中见到的保存最完整的西汉铁甲；五是玻璃盘和2件玻璃耳杯是迄今为止考古发现的最早的国产玻璃容器。

公元前113年二月，中山靖王刘胜去世之后，他的直系子孙又继袭了五代王爵。

中山哀王刘昌

靖王有子一百余，
百里挑一刘昌继。
有幸王宫享荣华，
寿短瞬间命归西。

中山哀王刘昌

西汉第二代中山王是哀王刘昌。刘昌是位福大命短的中山王，之所以说他福大，是因为在刘胜的 120 多个儿子中，他有幸被选中继袭了王爵，可谓缘福不浅。可惜他命薄，只做了一年中山王，便于公元前 112 年在卢奴王宫染病而亡，被追谥为“中山哀王”。刘昌死后由他的儿子刘昆侈继位。

中山康王刘昆侈

贪恋声色不图强，
怠政误国民遭殃。
政绩平平载史册，
饱食终日无为王。

中山康王刘昆侈

西汉第三代中山王是康王刘昆侈。刘昆侈在位期间只顾贪图安逸、纵情享乐，在生活上虽有他的祖父中山靖王的遗风，但他没有刘胜的聪明机巧，更没有刘胜“才思敏捷、文采出众”之誉。刘昆侈在其位不谋其政，因此政绩平平，致使中山国的经济没有得到发展，是一个纯粹的贪乐怠政之王。刘昆侈在位21年，因其乏善可陈，死后谥号为“中山康王”。

中山顷王刘辅

靖王刘胜四世根，
刘辅中山继王尊。
一生享尽皇族福，
王侯利禄传子孙。

中山顷王刘辅

西汉第四代中山王是顷王刘辅。刘辅是中山康王刘昆侈的长子。孝武征和二年庚寅（公元前 91 年），刘昆侈去世。孝武征和三年（公元前 90 年），刘辅承袭中山王位。孝武后元二年甲午（公元前 87 年），刘辅无缘享福而离开人世，在中山王位仅仅 4 年，其子刘福接续王位，谥号为“中山顷王”。生子二人：长子刘福，次子刘安。

中山宪王刘福

刘福西汉五代王，
身居王宫度时光。
功过清浊史未表，
神仙也难论短长。

中山宪王刘福

西汉第五代中山王是宪王刘福。刘福是中山顷王刘辅的长子。孝昭始元元年（公元前 86 年），刘福承袭中山王位。孝宣本始四年（公元前 70 年），中山王刘福去世，在中山王位 17 年，谥号为“中山宪王”。生子刘修（一作刘循）。刘福去世后刘循接续中山王位。

中山怀王刘修

刘修六代中山王，
励精图治国富强。
功绩显赫后世赞，
终寝葬于八角廊。
定州再现稀世宝，
堪称『金缕玉衣乡』。

中山怀王刘修

西汉第六代中山王是怀王刘修。“刘修”这个名字是在他的墓出土后被发现的，在《汉书》第四部中则记载为“循”。墓穴应为后代子孙或者死者生前修造，所以一般不会把名字搞错，而后人作史，则有可能出现笔误。因此，称为“刘修”更可靠。

刘修在位期间，算得上既贤能又显赫，对治理中山国采取了有效的举措，积极鼓励农耕，削减农民赋税，使中山国的农牧业生产得到迅猛发展。同时，刘修倡导精作加工，使民间手工业作坊兴盛起来；还与相邻各郡国互通有无，促进商贸流通，货物交易比较活跃。农、工、商三者并重，取得了显著成效，使中山国成为物阜民丰之地。

公元前 55 年，贤能的中山怀王刘修病逝于卢奴王宫，因刘修无子嗣，按照汉制便取消了中山国，设其为郡。

中山怀王刘修墓

1973 年，在河北定县八角廊 40 号汉墓中出土中山怀王刘修墓。

出土的刘修金缕玉衣，全长 1.82 米，包括头、上身、双臂、双手、双腿、双足，以及三角形臂饰 2 件，在腹部上下垫盖的小玉帘 2 件，共 13 个部件组成，用玉片总计 1203 片，金丝约 2580 克。玉片形状多为梯形或长方形，少数为三角形和不规则四边形。玉衣头部长约 30 厘米，最大直径 21 厘米，由头罩和脸盖组成。头罩与风帽相似，顶部为一较大的圆形玉片，全罩用玉片 99 片。脸盖长 13 厘米，最宽处 19 厘米，用玉片 30 片，脸盖上还用 1 块整玉刻出鼻罩。上身分前后 2 片，均由肩部和身部（包括胸、腹部）2 段连接而成。

金缕玉衣图

上身长 52.5 厘米，最宽处 35 厘米，前后 2 片结构相同，前片用玉片 125 片，后片用玉片 157 片，双臂缀成袖筒状，内侧有开缝，展开后片呈梯形，长约 53 厘米，上宽 34.7 厘米、下宽 25.5 厘米，用玉片总计 162 片。双手作拳握状，长 17 厘米，最宽处 10.5 厘米。大拇指单独分出，手掌一侧和手指、掌心交界处开缝。左手用玉片 46 片，右手用玉片 47 片。双腿缀成裤筒状，出土时长 55 厘米，上宽 50 厘米、下宽 33.5 厘米，内侧开缝，用玉片总计 240 片。双足均作齐头高腰平底鞋状，长 27 厘米，最宽处 11.4 厘米，鞋帮高 6.3 厘米、鞋腰高 9.5 厘米、腰口直径 9.8 厘米。左、右足可分辨，足后跟外侧开缝，用玉片总计 178 片。所有玉衣部件都用金丝编缀，而各部件之间不连缀。

金丝编缀方法一般为四孔联结，用两根金丝在背面做十字交叉，穿过圆孔后再在正面拧一道麻花，然后从左至右向下盘成圆结。锁边则用一根金丝从相邻的两孔背面穿过，在正面拧一道麻花，再盘成圆结。玉片大部分用黄玉和青玉制成，色调协调，正面抛光，背面很少有切割锯痕。金丝较粗，抽拔成丝后还经过仔细加工，断面一律为圆形，长短也差不多。

出土《论语》《儒家者言》等古籍残简多种，是中国目前发现最早的《论语》定州汉墓竹简本。

《论语》竹简

《论语》定州汉墓竹简本不仅各篇的分章与今本多有不同，而且在文字上同今本的差异也达700多处，是研究儒家学说和古代文字演变的新材料，值得重视。单承彬的《定州汉墓竹简本〈论语〉性质考辨》，将定州40号汉墓出土的简本《论语》和《说文解字》中《论语》引文、《论语》郑注本、东汉熹平石经本《论语》进行对比后指出，定州本不仅与许慎所见鲁壁古文存在明显差异，而且与郑玄用作校本的《古文论语》也显然不同，应该属于今文《鲁论》系统；从与熹平石经本比勘的结果来看，它和汉代有重大影响的《张侯论》也存在某种程度的差异，可能出自不同的师传家法。

该墓中的竹简出土后于1974年6月送至北京保护整理。1976年6月，文物出版社邀请当时的马王堆帛书整理组成员协助整理定县竹简（编号、写释文）。1976年7月，唐山发生大地震，竹简整理工作被迫停止。在地震中，竹简虽经精心照管，但在转移中封存的盛简木箱被不知情者搬倒，使竹简又一次散乱，并遭到一定的损毁。地震后于1980年4月由国家文物局古文献研究室出面召集，由李学勤先生主持，定县竹简的整理工作才得以继续。经过整理，发现这批竹简的内容多为先秦文献，极其珍贵，其中有《论语》620枚简，多为残简。简长16.2厘米、宽0.7厘米，每简书19~21字。竹简两端和中简各有一道编绳，出土时尚保留有连缀的痕迹。

残简的释文共有7576字，不足今本《论语》的1/2。其中，残存文字最少的为《学而》篇，仅有20字；残存文字最多的为《卫灵公》篇，有694字，可达今本本篇的77%。简本《论语》与今本《论语》在篇章的分合上也多有不同：如简本《乡党》“食不厌精”至“乡人饮酒”，今本分为2章、3章、5章的都有，而简本仅为1章；“雷风烈必变”与“升车”，今本分为2章，而简本也只有1章；《阳货》“子贡曰君子亦有恶乎”今本分别为1章，而简本则同上面“子路曰”合为1章。特别是《尧曰》篇，今本为3章，而简本则为2章；今本的第三章在简本中用两个小圆点与上面间隔，用两行小字抄写在下面，好像是附加的一些内容。在题写章节与字数的残简中，正有一枚记载《尧曰》篇“凡二章，凡三百廿二字”，则知简本《尧曰》篇只有2章，与今本不同。此外，各章文字与今本也有不少出入。简本《论语》虽是残本，但因中山怀王刘修死于汉宣帝五凤三年（公元前55年），所以它是公元前55年以前的抄本，当时世有《鲁论》《齐论》《古论》三种《论语》存在，因此简本《论语》的出土为研究《论语》的版本流传提供了新的材料。关于该墓葬及其出土文物情况，河北省文物研究所撰写了《河北定县40号汉墓发掘简报》并发表在1981年第8期《文物》杂志上。同期《文物》杂志还刊登了国家文物局古文献研究室、河北省博物馆、河北省文物研究所、定县汉墓竹简整理小组联合撰写的《定县40号汉墓出土竹简简介》一文，对该墓出土的竹简的形制、内容做了大致介绍，还刊布了简文中《儒家者言》的释文。1997年，文物出版社出版了由河北省文物研究所和定县汉墓竹简整理小组合编的《定州汉墓竹简〈论语〉》一书。书中对出土简本《论语》的版本、文句也做了简单的介绍，同时还对《论语》的全部释文做了简单的注释和校勘。

中山哀王刘竟
幼弱封王未就藩，
英年早逝宫邸间。
皇帝太子亲吊唁，
史丹救储美名传。

哀王刘竟：哀哉！又一个“短命王”

时隔10年后，即公元前46年，中山国复立，汉宣帝的第五个儿子刘竟被封为西汉第七代中山王。自此以后的中山王就不是刘胜的直系子孙了。

刘竟（？—前35年），汉宣帝第五子，生母戎婕妤。初元二年（公元前47年），被哥哥汉元帝立为清河王。初元三年（公元前46年），改封中山王。刘竟虽然被封为中山王，但是因为年纪幼小，并没有前往中山赴任。究竟幼小到什么程度，什么时候才去赴任的，目前已无法考证。唯一可供参考的是，刘竟与太子的侄子刘骜年岁相当，从小一块儿游玩、一起长大，又同窗读书。

公元前35年，从受封公元前46年到公元前35年为王11年的中山王刘竟逝世，谥号为“中山哀王”。因刘竟无子，中山国再次被除国。

中山孝王刘兴

孝王刘兴父元帝，
娶妻卫姬中山女。
皇子无缘继帝业，
生子刘衎幼登基。

孝王刘兴：窝囊皇子

刘兴是汉元帝刘奭的第三个皇子，汉成帝刘骜之弟，是西汉第八代中山王。也不知道为什么，刘兴为王多年，妻妾成群却无子。他的哥哥汉成帝刘骜自己没有儿子，眼看弟弟也要成为绝户，非常着急上火，便下诏将一个卫尉卫子豪的女儿许配给刘兴为姬。刘兴将她册封为卫姬。卫姬给刘兴生了三女一男，儿子取名箕子，后改名为刘衎，之后还做了皇帝。

汉成帝刘骜因为没有儿子，即位后要立储君，便召集大臣讨论太子人选。按照皇族血系远近而论有两个人选：一个是汉元帝的皇子、汉成帝的弟弟中山王刘兴，另一个是汉成帝的侄子定陶王刘欣。只有他们两人跟皇帝的血缘关系最为亲近。正当汉成帝为立弟还是立侄左右为难之际，中山王刘兴和定陶王刘欣同时来到长安朝见天子。汉成帝就借机对二人进行了一番考核。

中山王刘兴来朝只由老师一人陪同，而定陶王刘欣则把左膀右臂都带来了。汉成帝刘骜感到很奇怪，就询问定陶王刘欣，又不是上山打狼，你带这么多人干吗啊？刘欣回答说："汉朝法令规定诸侯王朝见天子，可以由王国中俸禄在二千石以上的官员陪同。这些人都是我国中二千石的官员，因此就让他们全都来了。"汉成帝又命令他背诵《诗经》，他不仅能熟练地背诵下来，而且能做通透的解释。接着，汉成帝问中山王刘兴说："你只由师傅一人陪同前来，有什么法令根据？"刘兴回答不出理由。汉成帝又命他背诵《尚书》，他也背不出来。

考核过后，汉成帝赐宴与他们共餐，中山王刘兴很贪吃，汉成帝已经用餐完毕，他还在"咕咚"一口酒、"吧唧"一口菜地狼吞虎咽，吃得直打饱嗝才罢休。吃完起身下去时裤带都松开了，他还浑然不觉。汉成帝见此情形，认为中山王刘兴虽为皇子，但是个吃货，而刘欣比较贤能，得到汉成帝的欣赏，便将其立为太子，即后来的汉哀帝。

公元前 8 年八月初九，中山王刘兴去世，享年 50 岁，谥号"中山孝王"，在位 30 余年，没有任何作为。刘兴死后，他的儿子刘箕子承袭中山王。

汉平帝刘衎

九岁继统为平帝，
儿做皇帝母悲泣。
权臣擅政辱傀儡，
莽篡汉政害亲婿。

汉平帝刘衎：悲催的“娃娃皇帝”

刘箕子是刘兴唯一的儿子，即位中山王时还不满周岁。刘箕子患有一种怪病，发病时口唇、脚趾皆青。这样一个又小又体弱多病的孩子，几年之后竟然做了皇帝。

公元元年六月，正是能吃能干、活力无限、激情四溅的汉哀帝刘欣一命呜呼，年仅26岁。汉哀帝生前无子，他临终前也没有指定继承人。在这样的局面下，他71岁的老祖母——太皇太后王政君当机立断，把皇权的象征玉玺收在自己手里。随后，王政君诏命王莽掌管兵符，节制军队，受理百官奏事。随后不久，王政君又诏命王莽为大司马，领尚书事，把持了总理国政的大权。王莽和王政君是姑侄关系，属于“打断骨头连着筋”的实在亲戚。王政君任人唯亲，留下了无穷祸患。

政局稍安后，王政君便与王莽商议帝位继承人之事。结果，与她血缘最近的就只有刘箕子了，他“理所当然”地成了帝位的继承人。朝臣们认为“箕”就是簸箕，太粗俗，不高贵，便议定将“箕子”改为“衎”。“衎”者，和乐之意也。

两个月后，这个幼小而多病的刘衎在公卿大臣的拥戴下，登上了未央宫前殿里皇帝的御座，成为西汉第十一代皇帝——汉平帝，时年9岁。

刘衎虽然坐在帝位上，但是一个9岁的孩子怎么能统理天下？于是，年迈的太皇太后王政君临朝称制，委政王莽。王莽擅权跋扈、威福自断，坐在至尊位置上的刘衎不过是这个权臣的玩偶而已。

刘衎称帝，他的母亲卫姬理应被封为太后。但王莽怕卫氏外戚分割他的权力，便另立刘成都为中山王，拜卫姬为中山孝王王后，留居在中山国，不准她进京师长安。

为了沽名钓誉，王莽煞费苦心。他带头献田献宅、赈济流民，在长安城建了200多座宅房安置盲流，还派人帮助农民捕杀蝗虫，减免灾区的租税，赐钱安葬死者，做了许多收买人心的事情。经过一番苦心经营，王莽渐渐猎取了民心，稳固了自己的权位，野心也越来越膨胀。

刘衎年满11岁时，王莽想方设法把自己的女儿嫁给刘衎做了皇后。随着刘衎逐渐长大，他对王莽的专权跋扈日益不满，特别是对王莽不让他的母亲入京一事尤为怨恨。王莽害怕刘衎成人后收拾自己，决定先下手除掉他。公元 5 年冬，刘衎旧病复发。王莽以探视刘衎病情为由进入皇宫，表面上对病中的刘衎大献殷勤，装出痛心疾首的样子，还去祭天祷告，指天誓日表示愿意代替刘衎生病。疾病是别人能够代替的吗？奸雄伎俩实在可恶。腊月初八这天，王莽以进贡椒酒为名，置毒于酒中，刘衎喝了他的岳父送来的椒酒后便过世了，那年刘衎刚刚 13 岁。

公元 8 年，王莽正式篡汉称帝，建国号为“新”。

中山王刘成都

成都末代中山王，
在位十年被贬降。
王莽代汉建新政，
西汉藩国从此亡。

末代王刘成都：从中山王沦为中山公

中山王刘箕子被接进汉宫即位后，中山这个地方成了无王之国，王莽便打发刘成都继任中山王。刘成都是中山孝王刘兴的侄孙，为西汉第十代中山王。

王莽篡汉称帝后建立新朝，一改汉制，中山王被贬为中山公。做了10年中山王的刘成都被贬职降级，西汉中山国就此终结。

定州署照壁阳面景观

第四辑　东汉中山王

光武帝刘秀于公元25年中兴汉室称帝，史称“东汉”。他恢复了西汉中山国的建制，封刘茂为中山王，仍以卢奴（今河北定州）为都城，领13县。至公元174年刘稚继任中山王，东汉中山王历经7代，历时150年（刘稚在位时间无考），中间有两次除国共13年，立国时间实为137年。两汉在卢奴实际立中山国共278年。

定州古八景之一“中山后圃”景观

中山王刘茂

英年骁勇举义旗，
披荆斩棘建伟绩。
审时顺势归光武，
青史留名爵世袭。

刘茂：明智归汉的义军领袖

王莽新朝末期，连年灾荒，各地农民揭竿而起，天下大乱。刘汉的后裔刘秀趁机起事，率领汉军讨伐王莽。当时的刘茂 18 岁，聚兵于河南荥阳县（今荥阳市）和密县之间。刘茂也是刘汉的后裔，是刘秀的同族叔父。

公元 25 年七月，刘茂自称“厌新将军”（“厌恶王莽新朝将军”的简称），率领义军攻下了颍川、汝南。得胜之师，人心所向，刘茂趁势招募丁壮，聚集兵众，革命武装力量迅速壮大，很快就有 10 余万人追随其“闹革命”。

公元 25 年六月，刘秀在鄗县（今河北柏乡北）称帝，史称“光武帝”。刘秀称帝后面临着群雄割据、山头林立的局面，农民起义此起彼伏。刘邦的后代子孙满天下，哪个不想继承祖宗的江山社稷？刘茂也是其中的一支。刘秀要想夺取江山，中兴汉室，首先要对付这些割据势力，否则人人都想当皇帝，岂不乱成一锅粥？刘秀率汉军到达河内后，听说刘茂所聚雄兵据守颍川、汝南，便打算派遣 3 名大将率强兵进攻。刘茂闻听刘秀称帝后，感到刘氏江山复兴有了希望。一家人之间折腾什么？团结起来一致对外才是正理！假如一家人争斗不休，天下何时才能太平？王莽政权何时才能被推翻？如今刘秀的汉军到来，他便毅然率军归顺了刘秀。刘茂此举让刘秀深受感动，刘秀封他为中山王，随军征战。

公元 37 年，刘秀在总结前朝失政的基础上，将宗室为王的一律降为侯，刘茂便被封为穰侯。刘茂在群雄割据之际摒弃私念，顾全大局，与刘秀合兵一处，共诛莽贼，夯实了光武中兴的基础，其功绩彪炳史册，难以被磨灭！

中山王刘辅

子以母贵居中山，
三年为王食常山。
瞬间迅转沛都地，
铁打衙门流水官。
谨俭守节著经论，
一代贤王美名传。

刘辅：著《五经论》的一代贤王

刘辅是光武帝刘秀的次子。公元 43 年，刘辅被晋封为中山王。公元 45 年，刘辅又被改封沛王，只得从卢奴城搬去沛国（今安徽濉溪西北）。刘辅为中山王只有 3 年。

刘辅改封沛王后，在京师洛阳逗留了六七年才去赴任。在京师逗留期间，刘辅与各位王子“竞修名誉，争礼四方宾客”，手下有一大批幕僚和游侠之士。后来，刘辅受一件刺杀案牵连被捕入狱，受审 3 天后才被放出来。经此教训，刘辅不再与外界游侠交往，变成了严守法纪、谨俭守节、好学知书的一代贤王。

刘辅善于读书，对经学的研究有极深的造诣，是东汉初年著名的学者。他对《京房易传》《孝经》《论语》和图谶都有较深的研究，撰著有《五经论》，当时被人们称为《沛王通论》。刘辅在传播儒家文化思想方面做出了巨大贡献，他的著述对后世影响很大，至今仍有人诵读研究。

中山王刘焉

光武郭后子刘焉，
四帝皆宠逍遥官。
缢妻被贬安险县，
寿寝厚葬破皇权。

刘焉：光武帝刘秀最宠爱的皇子

公元54年，刘焉被改封为中山王。他是刘辅的同胞兄弟，光武帝刘秀的第十子，也是刘秀最宠爱的皇子。光武帝顾念刘焉年龄幼小，还是留在京师舒服，就准许他不去就任。5年后，刘焉才去中山国就任，仍以卢奴（今河北定州）为都。

刘焉的母亲郭后，对自己的小儿子同样偏爱，也格外恩宠，准许他享有随时往来京师的特权，并一而再、再而三地赏赐，甚至超过了朝廷的规章制度。

“娇子如同杀子”，这句话绝对有道理。刘焉从小受到娇宠，难免滋生一些坏毛病。譬如，刘焉的一个名叫韩序的姬妾，因为犯了错，刘焉就把她缢死了。这就显示出刘焉专横暴虐的性格缺点。有人向皇帝上奏了这件事，说韩序虽有过错但不应该随便被杀死，这分明是草菅人命！此时刘秀已死，汉明帝刘庄在位，他立即下诏要罢黜刘焉，还要“移交司法机关提起公诉”。多亏诸位叔叔大爷、兄弟求情，汉明帝刘庄才从轻发落，将刘焉罢去王位，贬到安险。直到汉章帝刘炟即位后，才让刘焉返回中山，恢复了他的王位。事情这才总算有惊无险地混过去了。从此，刘焉收敛性情，自我约束，每日三省吾身，逐渐把自己修炼成一位品质高尚、道德完美的贤良君王。

公元90年，刘焉去世，在位52年，被朝廷厚葬。他的葬礼规模之宏大，远非其他藩王所能比肩，谥号为“中山简王”，“一德不懈曰简”。

中山简王刘焉墓

1959 年，河北定县北庄子汉墓出土东汉永元二年中山简王刘焉墓，坟丘高 20 米，底边长、宽各 40 米。坟丘的地下是一座以石材为题凑的大型砖室墓。斜坡墓道长 50 多米，一侧附耳室。墓室平面呈“凸”字形，由甬道、横列前堂、方形后室和回廊组成。题凑位于砖室外围，用经过加工的石块单道叠砌，形成一圈绕墓室的石壁，石壁各面长 20 米、高 8 米、厚 1 米左右。在砖室券顶上又平铺 3 层石块，厚约 80 厘米，用石材共计 4000 余块。石材大部分被凿成近方形，长、宽各 1 米左右，厚约 25 厘米。其中，174 块有铭刻或墨书文字，内容为进贡石材的县名和石工的籍贯、姓氏，个别石块刻有尺寸。墓葬早年被盗，后室棺椁已毁，仅存少数骸骨和属于两个个体的鎏金铜缕玉衣片 5169 片。劫余的重要器物有刻文“建武卅二年二月”的铜弩机，“大官釜”陶釜，少数玉衣片背面有“中山”墨书，以及玉枕、玉带钩、玉窍塞和东汉五铢钱 153 枚。根据题凑石葬制、出土的属于两个个体的玉衣、铜弩机上“建武卅二年”铭刻和石刻题记所提供的年代范围，推定墓主应是死于东汉和帝永元二年（公元 90 年）的中山简王刘焉与其王后。

中山夷王刘宪

夷王刘宪简王后，
兄弟众多均封侯。
命贵生于帝王家，
安享清福无忧愁。

夷王刘宪：被遗忘的中山王

刘宪是中山简王刘焉的长子，刘焉死后袭封中山王。公元90年至公元112年在位22年。公元118年二月，中山夷王刘宪病逝于卢奴王宫，谥号“中山夷王”，子孝王刘弘嗣中山王。其生平事略无考，可谓平淡无奇。

中山孝王刘弘
聪敏品端孝王弘，
皇裔不腐甚开明。
物阜民丰受拥戴，
中山为王建伟功。

孝王刘弘：深受爱戴的开明国君

刘宪病逝后，他的长子刘弘继袭了中山王。刘弘出生在中山国的都城卢奴王宫，自幼聪明俊朗，被祖父刘焉视为掌上明珠，甘愿被他当马骑、当球踢，且乐在其中。父亲刘宪从小就对刘弘精心养育，给他选良师侍读，加之他聪敏好学，渐渐成长为一个品行端正、明辨事理的英俊王子。

刘弘为王期间，经常深入民间体验庶民疾苦，鼓励农家精耕多收，并大量削减赋役，致力于改善民生；同时，倡导儒家孝道思想，宣传仁义孝悌，使民众遵理守法，父慈子孝、兄友弟恭。经过刘弘的苦心经营，中山国呈现出民风淳厚、百姓安康的良好局面。刘弘也受到民众的深切拥戴。

公元 140 年四月，刘弘病逝，在位 22 年，谥号“中山孝王”。

中山穆王刘畅

刘畅久寝北陵头，
青玉座屏国宝留。
玉璧玉衣千年醒，
物华天宝藏定州。

穆王刘畅：只留一“墓”

刘畅是刘弘的儿子，公元140年被封中山王。公元174年，刘畅去世，谥号为“中山穆王”，埋葬于中山卢奴（今河北定州）都南。刘畅在位34年，生平事略不详，留下一墓，特别是银镂玉衣流传千古。

中华第一塔——定州开元寺塔

中山穆王刘畅墓

1969年11月至12月，河北定县城南北陵头43号汉墓出土东汉熹平三年（公元174年）中山穆王刘畅夫妇墓。

刘畅墓出土的重要器物有掐丝的金龙、金辟邪、金羊群、银盒、青玉座屏、玉璧、玉璜、铁镜，以及各种铁兵器和玉石饰品，还有东汉中晚期的五铢钱235枚等各类文物1100余件。

刘畅墓出土穆王刘畅夫妇银缕玉衣、铜缕玉衣各1套，出土国宝级文物二龙衔环谷纹玉璧，通高30.5厘米，直径24.4厘米，厚1.1厘米。玉璧体形硕大，用青玉雕制，做工精良、玲珑剔透、雍容典雅，为死者生前地位、财富的象征，是我国目前发现的最完整、最大的一块玉璧，被国家文物鉴定委员会定为国宝级文物。

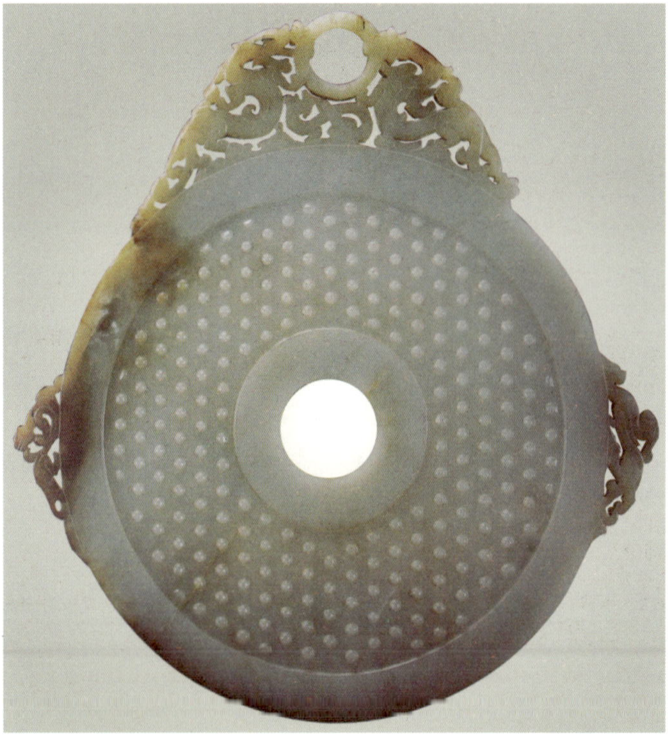

中山穆王刘畅墓出土龙螭衔环谷纹青玉璧

刘畅墓还出土国宝级文物透雕神仙故事玉座屏，通高 16.9 厘米，长 15.6 厘米，宽 6.5 厘米，由 4 块镂雕玉片插接而成。玉座屏两侧以双胜为支架，双胜主体透雕青龙纹、白虎纹；中间两屏片略呈半月形，两端有榫插入架内，透雕人物、鸟兽纹饰。整个玉座屏雕工精细、内容丰富、形象生动，具有较高的艺术价值，被国家文物鉴定委员会定为国宝级文物，现藏于定州博物馆。

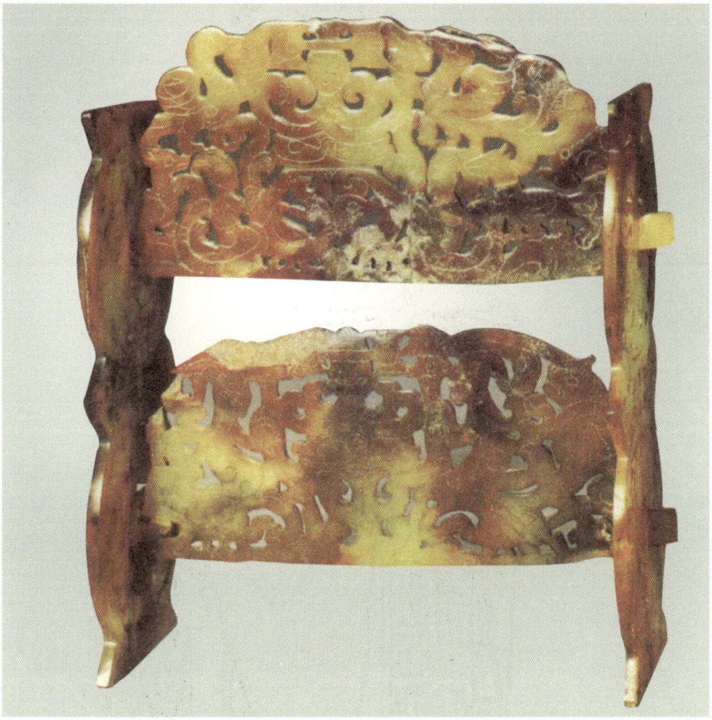

刘畅墓出土透雕神仙故事玉座屏

中山节王刘稚

刘稚为王七代传，
汉室江山危如卵。
中山立国三百载，
历史洪流滚滚前。

节王刘稚：汉代最后一位中山王

刘畅死后，其子刘稚被封为中山王，公元 174 年—？在位，是汉代最后一位中山王。刘稚卒年无载，死后谥曰“中山节王”。因其无子，中山被除国。

第五辑　魏晋中山王

我们读《三国演义》时肯定会看到“曹操挟天子以令诸侯”，那位被挟持的天子就是汉献帝。公元 220 年，曹操的儿子曹丕逼汉献帝退位，自称天子，标志着刘邦建立的大汉王朝彻底终结。大汉统治了 400 年之后，终结于汉献帝。从此，中国的历史进入魏晋时期。魏晋沿袭汉制仍设中山国，以卢奴（今河北定州）为都。

曹魏时期所封的中山王历经两代，立国 34 年。晋代中山王历经三代，立国 27 年。魏晋时期所分封的中山王共有 5 位。

中山王曹衮

好学慎行悉经典，
勤朴亲民尚节俭。
明哲保身忠贞践，
是非分明鉴恶善。
遗训教子『遂志之堂』，
美德喻世照人间。

恭王曹衮：曹丕和曹植的好兄弟

曹衮是沛国谯（今安徽西北部亳州）人，三国时期曹魏宗室，魏武帝曹操的儿子，是魏文帝曹丕同父异母的弟弟。曹丕是卞皇后所生，曹衮的母亲是杜夫人。

少年好学　深思经典

少年时的曹衮是一个名副其实的三好学生：好学、好读、好写。到15岁时，他不仅写得一手漂亮文章，还积攒了满肚子学问，一不小心就把自己搞得才名远播、誉满天下。但曹衮向来谦逊，面对夸赞他从不自满。他的父亲曹操对他很是喜爱，精心选派饱学之士对他进行重点培养。老师见他昼夜攻读、废寝忘食，担心他耗损阳元，影响身心健康，就劝他悠着点儿学习，但他以“少不学，老何为”作答。长大之后，曹衮依然手不释卷，笔耕不辍。兄弟们出去游玩娱乐时，他却独自研读经典。对于三皇之书《三坟》、五帝之书《五典》等远古典籍攻读尤深，并将心得体会撰写成文。他的异母哥哥曹丕称赞他是“研精坟典，耽味道真，文雅焕炳”。曹衮的传世著作有2万多字，具有较高的学术价值。

警戒慎重　修身自守

曹操有25个儿子，没有一个是庸碌无能之辈。在承袭王权的重大历史时刻，他们掀起了同室操戈的激烈争斗，结果曹丕击败诸位弟兄，获得胜利。曹丕称帝后因害怕其他兄弟卷土重来，威胁皇权，便对他们深怀戒备、多方限制、处处设防，措施之苛刻，手段之狠毒，实在令人发指。

最让曹衮感到痛心的是曹丕对曹植的迫害，即大家耳熟能详的“七步诗”事件。曹植凭着超群的才华才大难不死。另一个兄弟曹彰就没有这么幸运了，被曹丕某毒而死。曹丕屠兄害弟，虽然达到了防止诸兄弟争权的目的，但是造成了皇室孤立无援的弊端，致使日后司马氏父子轻而易举地篡夺了曹魏大权。

曹衮本来就淡泊名利、与世无争，在曹丕兄弟进行争权大战时，他敬而远之，唯恐避之不及，甚至有人偶尔提起这些事情，他都退避三舍，闭门不出，所以没有遭到曹丕的迫害。但他目睹了宫廷斗争的残酷无情，政治博弈的阴暗险恶，于是权衡利弊，选择了警戒慎重、修身自守、明哲保身的处世策略。

曹丕看到曹衮置身事外，无欲无求，温良恭俭让，于是对他更加放心，封他为北海王，后来改封为赞王。曹衮虽身为王侯，却宽厚待人、严于律己，所以口碑极好，受到属下官员的拥戴。曹衮却说："我生长在深宫之中，有很多骄奢逸乐的过失，不知百姓收种庄稼的艰难，你们应该帮我弥补缺陷，这才是我需要你们做的。"

曹衮处处小心谨慎，时时恪守本分，表现优良，连曹丕派去监视曹衮的文学老师和政治辅导员也被他感化，于是联名上书陈述曹衮的种种美德。可是曹衮知道后反而非常惊恐，他最担心曹丕怀疑自己在聚拢人心、暗自立志、另有野心，那就是掉脑袋的祸患，所以曹衮责备文学老师说："自己提高修养、坚守贞操，不过是普通人应有的行为罢了，各位却将这些上报朝廷，这恰恰是为我增加负担和拖累。如果有善言善行，何必担心别人不知道，你们却急着这样做，这对我可没有好处。"曹衮说完仍然心有余悸，他的警戒慎重坚守了一生。

就藩中山　崇尚节俭

公元232年，曹衮被改封为中山恭王，辖10县，仍以卢奴（今河北省定州）为都。曹衮到卢奴以后，经常到民间巡访，鼓励农耕，关心百姓疾苦。他还敦促自己的家人纺线织布、缝衣做鞋、炒菜做饭、种瓜点豆。曹衮施行的勤俭节约、自食其力的治家理念，有效地避免了骄奢淫逸的滋生，强化了人的自律精神，营造了守身修德的客观环境，这在王侯贵胄中是绝无仅有的。他的治国齐家之道被传为千古美谈。

临终教子　训言留世

公元235年秋天，曹衮患病，在病床上他对属下官员说："我缺少德行，愧受天子的恩宠，现在我的生命将要走到尽头了。我喜欢俭朴，现今朝廷有临终报告的制度，作为全国遵行的法典。我死之后，从停放灵柩到下葬，务必遵奉诏书的命令。"临死之际还念念不忘朝廷法度，可见曹衮是一个多么遵章守纪、洁身自爱的王侯。

然后，曹衮又对继承王位的儿子曹孚说："你还太小，没有接受足够的家教，这么早就成了王爷，只知道人间享乐，不懂得世上苦恼，必将有骄傲奢侈的过失。所以，我要告诫你，在接待大臣的时候务必按照礼仪。即使不是大臣，对老人也应该谦恭礼敬。侍奉哥哥要恭顺，体恤弟弟要慈爱。兄弟有不好的行为，你应当跪下劝谏他们；劝谏不听从，就流着泪讲道理给他们；讲道理还不改，就禀告他们的母亲；要是仍然不改，就应当上奏给天子知道，一起辞掉封地。与其依靠恩宠而遭到灾祸，不如贫贱生活以保全自身。这些说的是大罪恶，至于微细的过错，就应当为他们遮掩。你这个小孩子啊，要谨慎地修养自己，要用忠诚坚贞来侍奉圣朝，要用孝顺来侍奉太妃。在家里要听从太妃的命令；在外面，要接受叔父的教训。只有你不懈怠心思，按照我的训教努力去做，才能使我的灵魂得到安慰。"他临终教子的遗言"忠贞奉朝，孝敬事亲，奢侈败德，俭约全身"虽言辞简约，但意义深重，集中体现了一个"忠信孝悌""谦恭礼敬修"的君子品质。他所说"与其受宠惹祸，不若贫贱全身"更是意味深长，有着至深至真的人生感悟，值得后人仔细品味。世人题诗赞道："中山恭王，皇室贵胄。英气逼人，书卷清秀。不恋凡尘，处事低头。明哲保身，神仙一流。不慕虚名，不交损友。天下咸敬，才堪造就。若立为君，蜀吴当休。"

公元235年十月，曹衮因病去世，魏明帝曹叡厚葬之。是年冬，他的儿子曹孚继承中山王。

中山恭王曹衮的"遂志之堂"，教子遗训：

"汝幼少，未闻义方，早为人君，但知乐，不知苦；不知苦，必将以骄奢为失也。接大臣，务以礼。虽非大臣，老者犹宜答拜。事兄以敬，恤弟以慈；兄弟有不良之行，当造膝谏之。谏之不从，流涕喻之；喻之不改，乃白其母。若犹不改，当以奏闻，并辞国土。与其守宠罹祸，不若贫贱全身也。此亦谓大罪恶耳，其微过细故，当掩覆之。嗟尔小子，慎修乃身，奉圣朝以忠贞，事太妃以孝敬。闺闱之内，奉令于太妃；阃阈（困于）之外，受教于沛王。无怠乃心，以慰予灵。”

中山王曹孚

遵训继统镇中山，
居官清俭感苍天。
庶民拥戴帝屡赏，
青出于蓝胜于蓝。

曹孚：居官清俭、功德圆满的中山王

曹孚继袭中山王后，严格遵守父亲曹衮的临终遗训，他居官清廉、生活节俭、为人敦厚，颇有曹衮遗风。曹衮生前叮嘱他要接受叔父的训教，他也铭记在心，对叔父曹林十分恭敬，遇到疑惑不定的事情就向叔父虚心请教，直到心里明白透彻为止。对于属下，他就像对待兄弟一样亲近，让他们人尽其才、各尽其用。对待庶民，他仁爱宽厚、尊敬长者、抚慰幼小、扶助病弱……各种善行义举不一而足。对于这样一位国君，黎民百姓想不拥戴都不行，想不称赞心里都会难受。对朝廷，他忠诚无比、严守礼法、从不僭越、克己奉公、绝无私弊。曹孚力事两朝，屡次受到皇帝的封赏，赐邑地，属民达到了 3400 户。

公元 265 年，曹孚死于都城卢奴，在位 31 年。因曹孚无子承袭王位，按规定废除了中山王国。

中山王司马睦

良莠分明因果报，
侵民损国遭诫诰。
悬崖悔过复王爵，
醒世鉴镜需常照。

司马睦：侵土害民的当朝皇叔

大家知道，司马氏终结了魏、蜀、吴三足鼎立的局面，司马懿的孙子司马炎于泰始元年（公元 265 年）建立了晋，封他的堂叔司马睦为中山王，领 8 县。第二年，即泰始二年（公元 266 年），司马炎下令“罢农官为郡县”。这样，自曹魏以来的民屯制度被废止了。民屯制度大致相当于现在的军垦兵团。“兵团”一解散，屯田客就从军事编制中解放出来，成了州郡的编户百姓。他们一部分被赏给公卿做佃客，一部分沿着以前典农经商的路子从事商业活动，还有一部分格外贫穷的人投靠官僚权势之家做了依附农民。这就造成了土地管理松懈、人口四处流动的状况，一些官僚、地主趁机大肆占夺土地和人口。司马睦在中山趁机侵吞了大片土地归为己有，一时间，他由封王时邑户 5200 户，达到了邑户 33000 户。

对于这些官僚、地主的不法行径，有位大臣弹劾司马睦等人侵占了国家稻田，请求皇帝罢免司他们的官职。司马炎下诏说：“这几个人私吞国家土地理应严惩，但他们绝大多数已经认识到错误，有错已改没有再犯，就不必追究了。但个别皇亲国戚还不收敛，你可要小心一点了。”群臣听后心里都知道司马炎所言的“皇亲国戚”是指司马睦，因为他是司马懿的侄子、司马炎的堂叔。

司马睦倚仗自己是当朝皇叔有恃无恐，丝毫没有收敛，反而变本加厉。他派人到所辖 8 县检查，把查出的逃亡者、被私人占有者、改变姓名者、诈冒免役者共 700 余户，迁到自己的属地。该事情被人检举揭发，说他“招诱逋亡”，不宜再做国王。司马炎认为司马睦这是在引诱百姓犯法，不能再宽容迁就，于是罢黜了他的王位，贬为丹水“县侯”。

从公元 265 年被封为中山王至被贬为丹水“县侯”，司马睦在中山国为王 12 年。

中山王司马耽

信教奉佛封中山，

幢幡迎经都城南。

贪财索赌不杜渐，

枉为僧侣一信男。

司马耽：一边信佛、一边敛财

公元 277 年，中山王司马睦被贬为丹水“县侯”之后，司马炎将宗室济南王司马耽改封为中山王。既然司马耽已经是济南王，为何又被改封为中山王呢？这与佛教有关。

西晋时期，佛教兴盛起来，上自王公臣僚，下至平民百姓，以至于边地少数民族都有信奉佛教的。司马耽便是一位虔诚的佛教徒。

当时的人们信奉《般若经》，有人从长安出发，跋涉到于阗抄得《放光般若经》，历经 20 余年后，才将经本送回洛阳。又经过 20 多年的翻译，《放光般若经》才大行于世。

司马耽悉心向佛，得知中山之地的佛教发展相对落后，感觉十分遗憾、愧对佛祖，便向朝廷写了一份“申请报告”，恳求到中山任职。其时侵土害民的中山王司马睦被贬，王位虚席，皇帝便允其所请。

司马耽就任中山王不久，便委派支和上组织僧侣到仓垣抄写《放光般若经》。抄完送回中山时，中山王司马耽亲自率众僧到“城南四十里，幢幡迎经”。可见此经影响之大，也可知司马耽信仰之诚。既然笃信佛教，就该遵守清规戒律，但是司马耽不是这样，他在信仰佛教的同时还贪财索贿。

司马耽虽是温县人，但他每次经过温县都必定会要求县里供应日需品，吏员百姓都以此为患。有一次，司马耽路过温县，向县里征收粮草。县侯致信司马耽说：“以前汉高祖路过沛县礼待老幼，家乡人民献上的东西他一件都不用。大王英明，您的孝行可以成为后世效法的准则，做事一向都能防微杜渐，本国人民听闻您的风采，简直是载歌载舞地欢迎您。现在您在这里有诸多要求，我如果服从不是败坏您的美名吗？”这信写得明褒暗损，十分尖刻，以后司马耽经过温县，再也不敢劳烦当地人民了。

公元 292 年九月，中山王司马耽病死，其弟司马缉继任中山王位。

中山王司马缉

拜将辅晋扩土疆，
征战捐躯殉沙场。
精忠报国泰山重，
堪称英烈中山王。

司马缉：死于“八王之乱”的英烈中山王

司马缉的父亲是济南惠王司马遂，字子伯，曾任魏国关内侯之职，后晋封平昌亭侯，历典军郎将。景元二年（公元 261 年）转封武城乡侯、督邺城守诸军事、北中郎将。五等建，封祝阿伯，累迁冠军将军。武帝司马炎受禅，被封为济南王，泰始二年（公元 266 年）病死。司马遂有两个儿子：司马耽和司马缉。其兄中山王司马耽死后，因没有儿子，司马缉“兄终弟及”继承中山王。后来，西晋因皇后贾南风干政弄权而引发了一场皇族为争夺中央政权的内乱，史称“八王之乱”，司马缉死于战阵之中，在位仅仅 1 年。因司马缉无子，中山国被除。

第六辑　西晋后的中山王

公元317年西晋灭亡，历史进入东晋十六国和南北朝时期。

东晋和十六国，在时间上几乎是同时存在的，代表同一时期长江南北、不同性质的政权。其主要特征是东晋王朝是由西晋的司马后裔在南方建立的小朝廷。五胡十六国是指匈奴、鲜卑、羯、羌、氐5个少数民族割据自立的政权。东晋和十六国相继灭亡之后，历史进入南北朝时期，这一时期处于分裂状态，所以称为“南北朝”。南朝包含宋、齐、梁、陈四朝，北朝包含北魏、东魏、西魏、北齐和北周五朝。

东晋十六国和南北朝时期，各国封中山王22位。唐、辽、明3个朝代封中山王9位。西晋后史籍有载的中山王共有31位。

在这个时期，中山王没有封地，不再就国执政，成为一种规格最高的精神奖励，是颁发给人中英杰、国之栋梁的尊贵称号。

中山王刘曜

少年英俊千里驹，
叱咤风云灭晋帝。
改赵为汉建宏业，
骄桥落马前功弃。

刘曜：生命不息、战斗不止

刘曜，字永明，新兴（今山西忻州）人，是我国历史上十六国时期叱咤风云的杰出人物。他先后侍奉了汉国 3 代皇帝，汉昭武帝刘聪时期，他被加封为车骑大将军、中山王。

少年英杰　祥瑞征兆

刘曜身高九尺三寸，雄健威武、仪表不凡，为人磊落高亮，不同凡俗。他熟读兵书，精通战法，又兼爱文学，擅长书法，史书说他“工草书隶，样样皆精”。其箭术更是百发百中，超级厉害。

刘曜是匈奴后裔，幼年死了爹娘，由叔父刘渊收养成人。刘曜 8 岁那年跟刘渊出去打猎，突然电闪雷鸣，暴雨瓢泼，如同天崩地裂，众人无不心惊肉跳。刘曜却神色自若，毫不恐惧。刘渊自此对他的胆量非常赞赏。

传说刘曜 20 岁时，在管涔山狩猎，折腾累了就席地而睡。睡梦中，忽然有两个童子从空中飘然落下，手托一把宝剑，跪在刘曜面前说道：“管涔山王派小臣来拜见赵皇帝，献上宝剑一口。”说罢，他们放下宝剑，飘然而去。刘曜醒来急忙观看，身边确有一把剑，剑长二尺，寒光耀目，锋利无比。后来，他发现此剑的锐光随着四季改变颜色，确是绝世宝剑。

辅汉三帝　灭晋王朝

刘曜得了宝剑，恰如关云长得了青龙偃月刀，不弄出点儿大动静他不甘心，就投奔到叔父刘渊的麾下。刘渊时任西晋宁朔将军，负责匈奴五部军的都督。这时西晋的“八王之乱”拉开了序幕，北方地区成了西晋宗室相互残杀的战场。刘渊乘机联络匈奴五部和杂胡族众起兵反晋，派刘曜攻陷了太原。刘渊于公元 304 年创建汉国，定都平阳（今山西临汾），封侄子刘曜为建威将军，后封其为相国，掌管军队，镇守长安。从此，刘曜有了用武之地。他率兵东征西讨，屡战屡胜，巩固了汉国的基业。

公元310年，刘渊病死后，其第四子刘聪即位。刘曜被封为车骑大将军、中山王，身居要职，成了辅佐汉国政权的栋梁。

公元311年，汉国发起了攻灭西晋王朝的战争。刘聪诏命刘曜和大将石勒共同攻打西晋的洛阳。刘曜率军势如猛虎，一鼓作气攻陷了晋朝100多个城池，然后重兵包围了洛阳。经过5日激战攻陷了洛阳，俘虏西晋皇帝司马炽及其皇后和诸多大臣，缴获西晋传国玉玺，放火焚毁了洛阳宫殿。然后刘曜奉命进攻关中，不久又攻克长安。

司马炽被俘虏后西晋无主，晋国大将贾疋等在关中汉人的支持下又夺回了长安，把晋国宗室司马邺迎到长安当了皇帝。

公元311年，刘曜又奉命向长安发起了猛烈进攻，顺利攻陷了长安外城。西晋末代皇帝司马邺再也无法抗击汉国军队，他嘴叼玉璧，光着膀子，牵着一只白羊投降了刘曜。西晋王朝彻底灭亡。

公元318年七月，刘聪病死，其子刘粲继位。刘粲即位后沉湎酒色，甚至和父皇刘聪的好几个后妃淫乱。刘粲将军国大事全权交给太师靳准决断。靳准的女儿深受刘粲宠爱，他本来就很骄横，如今又操控着汉国的军政大权，便逐渐滋生出谋国篡位的念头。不久，靳准发动叛乱，派兵士抓住刘粲，历数刘粲荒淫无道、子纳父妻、秽乱后宫、败坏人伦等罪名，杀死了刘粲。然后，靳准自称大将军、汉天王，行使皇帝权力，设置百官，篡夺了汉国政权。

当时刘曜镇守长安，听到靳准篡位的消息后立即出兵讨伐叛逆。

讨伐靳准　赤壁即位

刘曜率军由长安出发，赶赴平阳，行军到赤壁（今山西河津西北的赤石川），遇到了从平阳逃出来的两个汉国大臣，他们恳请刘曜："国不可一日无主，请相国上皇帝号。"于是刘曜即位称帝，改元光初，大赦天下，只有靳准一族不在赦免之列；并任命汉国大将石勒为大司马、大将军，加九锡，增封10郡为私邑。当时的石勒驻守河北，不久也率部到达了平阳。石勒表面上与刘曜合兵一处，共讨逆贼，内心里却对刘曜自立为帝很不服气，觉得自己与刘曜都是辅汉重臣，"你能称帝，我就不能吗？"。

且说刘曜与石勒兵围临汾，靳准见两路大军兵临城下，自知不能坚守阵地，便派一个叫卜泰的人前往石勒营中求和。石勒立即将卜泰押送到了刘曜营中，任凭其处理。刘曜着实太聪明，对卜泰说："我汉国的先帝刘粲实在违背人伦，死不足惜。可是大司马靳准如果在掌权的时候，拥戴我早日登上皇位，那功劳可就大了。这次我回平阳，他若早迎大驾，我会把全部政事都交给他管理，何况是免他的死罪呢？你快入城去，将朕这一番诚意原原本本地告诉靳准，不要让他再错过良机。"

卜泰回去向靳准回禀了刘曜的意思，靳准听后，犹豫不决。他担心刘曜不会轻易饶恕自己，所以迟迟下不了投降的决心。靳准的两个部将靳明和靳康见他犹豫不决，生怕断了唯一的退路，便将靳准杀死，然后派卜泰带着6颗传国印信到刘曜营中投降。刘曜准降。靳明便率平阳士兵15000人投靠了刘曜。不料，靳明一到，刘曜便不容分说拘捕了靳氏所有家人，不分老幼格杀勿论。刘曜攻陷平阳后，以石勒平乱有功晋封为太宰，领大将军，晋爵赵王。然而，石勒割据自立的野心早已膨胀得要爆炸。攻下平阳后，他收葬了刘粲的尸体，将宫中的一切宝物运回自己的封地襄国（今河北邢台），伺机起事。

定都长安　改汉为赵

公元319年六月，汉国皇帝刘曜杀光了靳氏所有人之后，迁都长安。想起当年在管涔山狩猎时，梦中送剑的童子称自己为"赵皇帝"，于是刘曜下令改汉的国号为赵，史称"前赵"。

同年十一月，石勒于襄国（今河北邢台）也建立了一个赵国，自立为王，史称"后赵"。此时，刘曜同石勒已成剑拔弩张之势，两赵之间必成敌手。但刘曜因在关陇立足未稳，仍有后顾之忧，所以不敢马上和石勒翻脸，便授封石勒为太宰、领大将军、加殊礼，并以河内24郡之地封石勒为赵王，想以此先稳住石勒，以便腾出手来对付关陇地区的敌对势力。

平乱关陇　进攻平凉

当时，反对刘曜的势力除石勒外尚有众多，只能择其主要的来说。在关中、陇右一带，有氐、羌等少数民族不肯归附，常同西晋王朝的残余势力联合起来进攻刘曜，给刘曜的前赵政权造成了严重威胁。公元320年，刘曜的部将尹车联合巴、氐两族酋长句徐、库彭预谋反叛。刘曜察觉后先杀了尹车，又将句徐、库彭等50多人囚禁在阿房，准备全部杀死。光禄大夫游子远进谏说："只需诛杀元凶，杀一儆百就行了，不要滥杀胁从人员。"他苦口婆心地劝谏，刘曜听后却怒火3000丈，把游子远投入监狱。刘曜杀掉句徐、库彭等50多人，还将其暴尸于街市达10天之久，然后像扔垃圾一样，将他们的尸首丢进水里。他的这一野蛮举动点燃了巴、氐两族人民的复仇怒火，他们推举权渠为领袖举行起义，要荡平赵国。羌、氐、巴、羯等少数民族有30多万人群起响应，造成了关中大乱，局势非常紧张。狱中的游子远听到这一消息后，又向刘曜上表劝谏。刘曜看都不看就把奏表撕得粉碎，喝令武士马上把游子远拉出去杀掉。刘曜手下将领刘雅舍命求情，陈说利害，刘曜才赦免了游子远。

不久，刘曜准备亲征权渠，刚刚被赦免的游子远又劝谏刘曜说："乱军只不过反抗您的严刑酷法，如果陛下大赦他们无罪，不要像您当初对待句徐、库彭那样见反必杀，而是采取安抚之策，让其平安从业。他们既然能够得到生路，又为何不投降呢？如果陛下听从我的意见，臣愿意代替您去平定他们。一月之内就可以使雍、秦一带平定如初。"刘曜听后非常高兴，宣布赦反军无罪，让游子远率兵平定叛乱。游子远果然出手不凡，很快就平定了这次叛乱，使前赵的西部又重新稳定了下来。

西部乱象全部平定之后，刘曜开始大举讨伐凉州的张茂政权。其时的张茂为凉州刺史，拥兵自重，割据一方，对抗刘曜。刘曜采取"震慑"之策，大造声势。他率25万大军长驱直入，百里之中但闻钟鼓齐鸣、步履铿锵，抬眼望去，只见刀枪如麦穗，剑戟似麻林，人如潮涌，马赛江流，军威之壮，撼人魂魄。张茂见状，不战自降。

刘曜在短时期内虽征服了关陇地区，但他始终没有一整套成形的施政措施，形成"兼并易而坚凝难"的局面。此外，刘曜还养成了唯我独尊的性格，不听劝谏，懒得安抚，从而招致一些反对势力作乱。

二赵相争 刘曜遇害

自公元318年石勒与刘曜公开决裂之后，前赵刘曜与后赵石勒的争战就连续不断。公元 325 年，前赵刘曜被后赵石勒战败于河南新安，刘曜为了报新安战败之仇组织反扑，取得小胜。后赵石勒的侄子石虎率步骑 4 万发起攻击，两军激战于洛西，刘曜的队伍又被石虎击败，前赵大将呼延谟被石虎斩杀后，石虎又生擒前赵主帅刘岳及其将领 80 余人，坑杀士卒 1 万余人，掠走氐、羌族众 3000 余人。前赵大军一败涂地，后赵扩充了 4 个州的地盘。惨败后的刘曜回到长安后便积愤成疾，卧床不起。

公元 328 年七月，后赵大将石虎率兵 4 万自河南济源进攻山西永济，身体刚刚恢复的刘曜亲自率军救援永济，两军大战于山西闻喜县境内。石虎被打得丢盔卸甲，陈尸 200 余里，南逃至河南淇县。刘曜乘胜而下，自山西平陆西南出发，进军至河南洛阳以东，决开河南洛阳北部的千金堨，用河水灌城，洛阳顿成水漫金山之势，面临倾覆。

刘曜自以为稳操胜券，哪知后赵石勒的大军已渡过黄河，发兵三路向他扑来。这年十二月，后赵石勒的各路人马集结于成皋，不见刘曜设防，军队迅速开到洛河。刘曜赶忙陈兵 10 万于洛西。石勒再次兵分三路，夹击刘曜。刘曜被杀得大败而走，岂料马失前蹄，他被摔下马。刘曜身上受创 10 余处，被石勒生擒活捉。

刘曜被俘后，石勒命他写信，劝说留守在长安的太子刘熙尽快投降，刘曜却在信中命令刘熙与大臣匡正和维护国家，不要因为自己而丧权辱国。石勒见刘曜无降服之意，再无利用价值，便将他杀死。

纵观刘曜的一生，主要表现为雄才大略的一面，同时也有刚愎自用、粗暴任性等弱点。

刘曜死后，太子刘熙即位，勉强支撑了 8 个月之后，刘熙被石勒的部将石虎抓获并杀死，前赵灭亡。

中山王刘雅

名将刘雅侍三君，
为救贤良甘献身。
豪义拯救忠国贤，
美德留芳喻世人。

刘雅：忠勇名将，舍身救贤保栋梁

刘雅是东晋十六国时期汉国的名将，刘汉宗室刘曜的族弟。刘曜改汉为赵后，加封刘雅为征北将军、大司徒、中山王。刘雅侍奉了汉昭武帝刘聪、汉隐帝刘粲、赵王刘曜三帝，立下赫赫战功，以忠勇闻名。

公元 311 年七月，刘聪即汉位后发起了覆灭西晋王朝的战争，命刘曜举兵攻取长安。刘曜委任自己的族弟刘雅为前锋，刘雅亲率骑兵 2 万出征，势如破竹，一举拿下长安，生擒西晋末代皇帝司马邺，显示出过人的英武勇猛。

公元 318 年，刘雅奉族兄刘曜之命率军屯驻山西万荣，与石勒相呼应，形成犄角之势，共同讨伐弑君篡位的逆贼靳准。后来，靳准被手下将领靳明等人杀死，然后集体投降汉国。在这场平叛中，刘雅兵逼靳准，使其无可逃遁，最后兵不血刃地铲除了叛逆，刘雅的功绩非同一般。

公元 319 年正月，刘雅再次受刘曜委任，领军进攻南路的陈仓，双方激战 20 天仍难以取胜，于是刘雅采取坚壁固守的措施，避而不战，等待援军到来。

第二年新年刚过，刘雅再次统领前锋部队为前赵皇帝刘曜御驾亲征冲锋陷阵。刘雅还为刘曜出谋划策，提出先南后北的进攻计划，得到刘曜的首肯，他便率军对南路陈仓的杨曼和王连发起了进攻。杨曼与王连见刘雅大军兵临城下，决定率军背水一战，结果刘雅在陈仓城下将王连杀死，杨曼侥幸逃到甘肃西和。

刘雅又提出乘胜攻取路松多所在的草壁，刘曜认为可行。刘雅率军奋死杀敌，击败了路松多。路松多向西翻越陇山，逃到甘肃张家川。接着，刘雅相继攻陷了阴密（甘肃灵台西南）、安定两地。刘雅屡战屡胜，为汉国、赵国扫平障碍，开疆拓土，立下了不世之功。刘曜感其忠勇，封其为大司徒。

刘雅不仅骁勇善战，而且忠义仁厚。在发生尹车谋反事件时，刘曜将句徐、库彭等 50 多人囚禁在阿房，准备统统杀掉。光禄大夫游子远进谏说："首恶必办，胁从不问。"刘曜认为游子远包庇罪犯、帮助叛逆，便把他投入监狱，然后杀掉了句徐、库彭等人，结果招致羌、氐、巴、羯等几个少数民族30多万人举兵起义，要荡平赵国。游子远身在狱中，听到消息后又向刘曜上表陈述平乱方略。刘曜看都不看就把奏表撕得粉碎，骂道："你这个奴才，不担忧自己的性命旦夕难保，还敢妄议政事，是嫌死得晚吗？"于是喝令武士马上把他拉出去杀掉。这时候刘雅挺身而出舍命相救，他说："游子远身在监狱生死莫测，还不顾性命，不忘社稷进行劝谏，这是难得的忠臣呀！如果陛下非要杀他不可，那么我们也不想活了，前赵的臣民都会离您而去呀！"刘雅不顾生死，晓之以理、动之以情，文武官员见状，也纷纷替游子远说情。刘曜这才赦免了游子远。

刘雅冒死保护忠臣贤能的义举，成全了游子远平定雍、秦的卓越功勋，同时也使自己得以青史留名。

中山王刘岳

中山二王不一国，
角逐弹丸燃战火。
此消彼长人间事，
财富哪堪抢与夺。

刘岳："洛阳之战"——中山王大战中山王

都说"天无二日，民无二主"，难道会同时有两个中山王吗？回答是有。不仅有，而且真的交手了。

刘岳是十六国时期的匈奴人，侍奉刘曜。他为人血性刚强、勇猛善战。公元 323 年，前赵刘曜封了刘岳好几个重要官职，此外还封他为中山王。

刘曜称帝即位，汉的另一名大将石勒本就愤懑不平，后刘曜又改汉为赵，石勒更是深受刺激，不愿臣服，于是他也在襄国（今河北邢台）宣布自立，称后赵。石勒顾虑自己不是汉室正宗，所以只称赵王而不称皇帝，这样就有了两个赵国。前赵刘曜能封中山王，后赵石勒就封不得吗？石勒一时来了脾气，把自己的侄子石虎也封为中山王，于是就有了两个中山王。前面已经说过，此时的中山王属于荣誉称号，没有实质意义。刘汉天下一分为二，前赵、后赵互不相容，大动干戈也就在所难免。

公元 324 年正月，后赵官僚石生举兵攻打前赵新安（今河南洛阳西），斩杀前赵河南太守尹平，掠取人口 5000 户而归。

公元 325 年，处于两个赵国之间的北羌王盆句除率部归顺了前赵，被前赵皇帝刘曜封为安国将军。后赵石勒认为刘曜得了便宜，派大将石佗率军自雁门出发，进入前赵境内上郡，袭击归顺了前赵的盆句除，俘获 3000 余人、牛马羊百余万只而归。

前赵刘曜两次失败受辱，大为恼火，便派遣中山王刘岳率军反击。刘岳率兵与石佗大战于河滨，激战数日，石佗大败。刘岳斩石佗及其兵卒 1500 多人，后赵败军在渡黄河逃跑时又淹死 5000 余人。刘岳收回了被石佗俘虏的全部兵马，获胜而归。从此，两赵相争的大戏开锣了。

同年五月，前赵刘曜派遣中山王刘岳、镇东将军呼延谟率兵 15000 人东进，很快攻克孟津县。接着，刘岳部逼近洛阳，攻克石梁（今洛阳北），杀死并俘虏后赵将士 5000 余人。石生抵挡不住，撤守洛阳西北角的金墉城，刘岳部遂把金墉城团团包围。石生自知不敌刘岳，死守金墉城待援。

数日后，后赵中山王石虎率领 4 万骑兵穿过成皋关（今河南荥阳汜水），到达洛阳城郊。两赵中山王狭路相逢，一场前赵战后赵、中山王大战中山王的血战爆发了。

刘岳得知石虎率 4 万骑兵已到洛阳城外，而自己只有 1 万人马，自知寡不敌众，只好撤到洛阳城北的石梁小城坚守不出。石虎的 4 万兵马则将石梁城围成铁桶。

是年六月，石虎举重兵攻击石梁，刘岳宁死拼杀。他手持飞虹宝剑，出阵如旋风一般，挥剑向石虎刺去，石虎持刀迎战。刘岳有关云长之势，石虎有张翼德之威，两员猛将刀来剑往，锋芒相撞，直杀得叮当乱响、锐气逼人，沙尘四起、战马嘶鸣，令人胆战心惊。两人的啸吼之声、搏击之声、蹄踏之声弥漫一片，纵横八方。鏖战正酣，突然刘岳的坐骑悲吼一声扑倒在地，刘岳被摔了下去。石虎趁机擒获刘岳，俘虏将佐 80 余人，劫掠氐、羌二族士卒 3000 余众。石虎生性暴虐，随后坑杀前赵士卒 9000 余人。刘岳兵败被擒，被解送到后赵都襄国后，被杀身亡。

这便是五胡十六国时期，前赵与后赵中山王之间的大决战，是历史上著名的“洛阳之战”，战争以前赵的失败而告终。从此，前赵的势力全部退入关西。

中山王石虎

荒淫无道残暴君，
杀妻灭子丧天伦。
善行恶为终有报，
因果分明鉴世人。

石虎：最荒淫无道的中山王

石虎是羯人，原名石季龙，上党武乡（今山西榆社北）人。石虎身高七尺五寸，练就了一身武艺，是骑马射箭的好手。他的性情特别暴虐，是历史上有名的暴君。

篡位称王　杀子灭亲

石虎是后赵国君石勒的侄子，自幼缺爹少娘，由叔父石勒抚养长大。在青少年时期，石虎的表现很不好，游手好闲也就罢了，还十分顽虐。石勒骂也骂过、打也打过，但石虎生就那副德行，依然我行我素，气得石勒对老娘说："这兔崽子是个祸害，干脆宰掉算了！"石勒的老娘不忍杀掉自己的孙子，便说："宁养贼子，不养呆吃。捣蛋的孩子将来才有出息呢！"石勒试着把石虎提拔为征虏将军，不料他真有领军才能，每次出征都英勇杀敌，连续得胜。石勒渐渐地认为石虎是块带兵打仗的好材料，也慢慢地对他比较器重了。

公元330年，石勒称帝，立儿子石弘为太子，封石虎为中山王、尚书令，但石虎真正稀罕的是"称孤道寡"。眼见石弘当了太子，石虎感觉自己太窝囊、太委屈、太接受不了，背地里咬牙切齿。他想，自从石勒占据襄国（今河北邢台）以来，我南擒刘岳、北追索头、东平齐鲁、西定秦雍，攻克了13个州，立下了盖世功劳。没有我石虎，你石勒哪有今日？如今，你不把皇位给我，却给了啥事儿也没干的石弘。你等着，早晚有一天我会让你石勒后悔不及！

3年后石勒病死，石虎兵权在握，没有人能够控制他。他先把忠于石勒的重臣逮捕下狱，然后逼迫太子石弘继位。石弘名义上是皇帝，但后赵的权力都操纵在石虎手中。

公元334年十一月，石虎感觉时机成熟，便把石弘废为海阳王，自称赵天王，于公元335年改元建武，将国都迁到邺城（今河北临漳西南），立自己的儿子石邃为太子。不久，石虎就把石弘及其皇室近亲全部杀掉。

这让石勒真的是后悔不及了。

石虎只顾寻欢作乐，把政事全部委托给了太子石邃。石邃有时把认为应该汇报的事情告诉石虎，石虎很恼火："这点小事还值得告诉我？"举起鞭子就打。有时不告诉，石虎又暴跳如雷："为什么不向我汇报？"举起鞭子又打。石邃无法忍受，带着500名士兵发动叛乱。石虎发觉后，当天夜里就把石邃及其嫔妃、儿女，共计26人全部杀掉，塞到一口大棺材里，马马虎虎地集体埋了。

穷兵黩武　使民不义

公元338年一月，石虎闲得无聊以穷兵黩武为乐，调动3万兵马攻击辽西鲜卑人段辽。段辽手下的若干将领因贪生怕死，纷纷向石虎投降。段辽只好放弃令支（今河北迁安），带着老婆孩子逃向密云山。石虎派人穷追不舍，活捉了段辽的母亲和妻子。段辽被迫向石虎请降。石虎便把他的2万多户百姓迁到司、雍、兖、豫四州。

没费太大力气消灭了段辽，石虎觉得不太好玩儿。有没有刺激一点儿的事情呢？棘城（今辽宁义县）不是有个前燕政权吗？打打前燕不行吗？石虎觉得挺好。

公元338年五月，也就是消灭了段辽4个月之后，石虎率军进攻棘城，连续猛攻了十几天却无法攻克，眼看粮草不济，只好撤兵。燕军却敌退我追。石虎的兵士毫无防备，被打得丢盔弃甲，抱头鼠窜，溃败而走。

两年以后，石虎准备再次出兵前燕，以雪前耻。这一次石虎不敢妄动，他先在所辖7个州大规模征兵，百姓家中有5个男丁就得出3个当兵，有4个就得出2个，组成了一支50万人的大军；还在全国范围内搜掠战马4万多匹；又动用1万艘战船，把100万斛谷子运到乐安城。九月，石虎刚刚准备停当，前燕大军就袭击了后赵的蓟城，然后攻破武遂津，进入高阳，把后赵的军用物资烧得一干二净，掠走后赵百姓3万多户。

吃了这么大的苦头，石虎才知道前燕不好对付。他变本加厉，试图发动南征东晋、西征前凉、东征前燕3场战争。于是，石虎再次横征暴敛。他下令凡是有免兵役特权的家族，也同普通百姓家一样，"五丁取其三，四丁取其二"，而没有特权的家族所有丁壮都需服役。每5人出车1乘、牛2头、米谷50斛、绢10份，不交者格杀勿论。百姓们被逼得卖儿卖女，甚至上吊自杀。

公元342年，石虎命令洛、豫、徐、兖四州准备南征东晋。并、朔、秦、雍四州准备西征前凉。青、冀、幽三州准备东征前燕。又征调50多万人制造武器，17万人制造战船，其中大多数人不是被水淹死，就是死于疫病，或者被虎狼吃掉，使无数家庭妻离子散、家破人亡。

寻欢作乐　穷奢极欲

石虎在执政期间，先后建造襄阳太武殿，在邺城建东、西两宫，显阳殿，桑梓苑，灵风台，华林苑及苑墙，还建有从襄国至邺城200里之间的4座行宫。其中，许多宫殿都是殿中有殿、宫中有宫。殿内镶金嵌玉，宫中贴银挂翠，豪华得不得了。里面还有奇花异草、珍禽怪兽，宛如人间仙境。所耗费的人力、物力实在难以计算。仅建筑华林苑和苑墙，就征调了16万民工、10万辆马车，不分昼夜，玩命施工。有一天深夜忽然来了一场狂风暴雨，吹灭了灯火，石虎就逼迫民工摸着黑干。结果暴雨引发洪水，一下子夺走了几万人的性命。

为了供自己寻欢作乐，石虎又派人从民间强选3万多名13岁以上20岁以下的女子，储备到各个宫殿。每宫都有一位夫人，数十位姬妾随时侍寝。石虎贪得无厌，又增设女官，搜寻民女。各郡县官吏为了巴结石虎，只要见到漂亮的女人，不管其是否结婚，一律抢夺送给石虎，仅已婚妇女就有9000多人被抢走，无数丈夫被杀。地方官吏也趁火打劫，抢夺民女，不少人遭到了野兽般的蹂躏。有的大臣实在看不下去了，便上书劝谏石虎释放后宫少女，以平民怨。石虎不但不听，竟当场命令卫兵将这位大臣撕裂而死。

每隔不久，石虎便大会群臣，每次都头戴通天冠、身佩玉玺，循周礼的规定礼乐一番，然后和文武百官一边品尝美酒佳肴，一边观赏文艺演出。殿上挂着大铁灯120支，灯下有数千名宫女和石虎一同观看表演。在殿外，30个鼓乐队同时演奏，鼓乐震天，场面极度壮观。

石虎很喜欢打猎，到了晚年他因身体发胖无法跨鞍，便制作了1000辆辕长三丈、高一丈八尺的猎车。车由20人推行，座下有转轴装置，可以根据猎物的所在地灵活转动。为了方便行猎，石虎建了很大的猎场，把黄河以北的大片良田定为猎区。石虎责令专人监督猎场，严禁人们伤害禽兽。如果有人在猎区猎兽则判为“犯兽”，判处死刑，立即执行。负责看守猎区的官员借机作威作福，欺压百姓。他们见谁家有美女或好牛好马就去索取，如果得不到就诬陷他们伤害了禽兽，搞得百姓生不如死。

骨肉相残　暴君归天

公元 347 年，太子石宣和弟弟石韬发生激烈摩擦，太子威严遭到石韬的挑战。石宣丧心病狂，指使亲信爪牙在深夜暗杀了石韬。

石韬是石虎十分喜欢的儿子。听说石韬被暗杀后石虎悲愤难当，下令竭力侦查，最后确认石宣是杀人凶手，石虎立即命人将石宣抓捕归案。不久，石虎在邺城北部堆起干柴，令人揪着石宣的头发、扯着舌头，把他拖到了干柴上面，又让人把石宣的手脚砍断，挖出眼珠和肠子，然后点燃了干柴。石虎登上高台亲眼看着大火把石宣烧成灰烬，仍觉得不解心头之恨，又把石宣的妻子、儿女共 9 人全部杀掉。石宣的小儿子才几岁，抱着石虎的腿哇哇直哭，“爷爷、爷爷”地哀号不止，石虎不为所动。孩子被刽子手一把拖走，手起刀落砍掉了脑袋。在场众人看得心惊肉跳，痛哭流涕。

石宣被杀后，石虎立齐王石世为太子。两个月后，石虎改王称帝。

石虎称帝不久，他谪戍的士兵发动了起义，后赵百姓对他早已恨之入骨，一时间群起响应，兵众猛增到 10 多万人。他们手持斧头、菜刀、铁锹、镐头，猛杀狂砍，攻下许多郡县，杀掉无数赃官。石虎倾尽全国兵力投入平叛，才把起义军镇压下去。

遭到起义军重创，石虎心力交瘁，染病在身。公元 349 年四月，石虎病死于邺城宫中的金华殿，享年 55 岁，在位 15 年，葬于显原陵，庙号“太祖”。石虎儿子石世继位。

前燕皇帝慕容暐

创业容易守业难，
成败只在一步间。
失察自毁顶梁柱，
亡国为奴燕厦翻。

慕容暐：七岁为王、结局悲惨的前燕末代皇帝

前燕，是由鲜卑族慕容氏在辽西一带建立的割据政权，属于五胡十六国之一。后来前燕势力逐步壮大，疆域扩张到了河北、河南以及山西等部分区域，都城也由辽宁朝阳迁到了邺城（今河南临漳西南）。

慕容暐是前燕景昭帝慕容儁的第三个儿子，7 岁就被封为中山王，11 岁被立为太子，13 岁登基做了皇帝，可谓一帆风顺。然而，其结局却相当悲惨。

太宰荐贤　太傅嫉能

公元 360 年，前燕皇帝慕容儁病重，授命慕容恪、慕容评等 4 位大臣参辅朝政。慕容儁病死后，太子慕容暐即位称帝。

慕容暐继位时才 13 岁，军政大事全由叔父慕容恪代管。慕容恪受命辅政，赤胆忠心，把握时局，深谋远虑，尽管燕主年幼，但仍使当时的前燕政权保持了慕容儁执政期间的强盛态势。

公元 367 年，首辅慕容恪患病，他十分忧虑太傅慕容评心胸狭窄、嫉贤妒能，自己过世之后，大司马的职位不知会落到谁的手里。如果年轻的侄子慕容暐不能牢牢把握政权，燕国的安危就难保了。他想到了自己的弟弟慕容垂，只有他是慕容宗族中德高望重、智勇兼备，能使燕国政权稳固、国家兴旺发达的栋梁之材，而且他是慕容暐的叔父，如果委任他为大司马，统辖军队，他必能鞠躬尽瘁，誓死报效，确保燕国无虞。

恰好有一天，慕容暐前来看望慕容恪的病情，并向他询问后事。慕容恪恳切地说："咱们宗族中，慕容垂的才能仅次于管仲、萧何，先帝当时只是考虑了长幼次序，所以我才越过他成为首辅之臣。我死了以后，一定要把大司马职位授予他，大司马的职责是统领兵权，不可以任用他人，愿陛下让整个国家都听命于吴王慕容垂。"说完慕容恪就死了。

慕容恪死后，太傅慕容评果然嫉贤妒能。为了遏制慕容垂走上大司马的位置，慕容评急忙奏请慕容暐，任命慕容垂为侍中、车骑大将军、仪同

三司，却提名慕容暐的弟弟慕容冲接替慕容恪大司马的重位，当时的慕容冲才10岁。由于慕容评也是先帝留下的托孤重臣，又是皇室宗亲，慕容暐对他的提议自然重视，但他小小年纪哪里明白其中的利害？所以没有听从慕容恪生前举荐慕容垂出任大司马的谏言，而是同意了慕容评的奏请。这样，慕容评实际掌握了国家的军政大权。

太傅慕容评的专权造成了前燕政权的黑暗腐败，为前燕政权的统治地位被推翻埋下了极大的危机和隐患。

枋头大捷　栋梁奔秦

太傅慕容评专权时期，燕、晋、秦三国形成鼎立之势，三国之间各怀其志，都有吞并天下的雄心。东晋看到前燕主年幼，政治昏庸，便决定出重兵灭亡前燕。

公元369年，东晋大司马桓温讨伐前燕，屡屡获胜，乘势攻抵枋头（今河南浚县东北）。慕容暐及太傅慕容评十分恐惧，无计可施，便谋划逃奔到龙城（今辽宁朝阳）。这时，吴王慕容垂毫无惧色地站出来说：“我请求去攻打他们。如果不能取胜，再逃也不晚。”慕容暐便让慕容垂率领5万人抵御桓温。

慕容垂确实非等闲之辈，他首先派兵截断桓温运粮的通道，然后用埋伏战术大败晋军。桓温屡屡失利，粮食储备空空如也，再打下去只能是自取灭亡，便焚烧了舟船，丢弃了装备，从陆路向回逃跑。前燕的将领都争着追击桓温，慕容垂料到桓温刚刚溃退，惊恐未定，一定会选择精锐士兵殿后，昼夜急行，不如等他的士兵精疲力尽，士气衰落，再对他发起突然攻击。于是，慕容垂率领8000骑兵跟在桓温的后边慢慢前进。桓温果然昼夜奔逃，累得士兵们喘不过气来。过了几天，慕容垂看到桓温的军队已经累得半死不活，于是迅速追击，结果桓温大败，被斩首3万多人。枋头之战是历史上有名的大战，这次大战彻底削弱了东晋的军事力量，打破了东晋妄图吞灭前燕的梦想。

慕容垂本来就有威名，这次转败为胜，救燕国于危亡之际，其威名更加显赫。慕容评不但不论功行赏，反而对慕容垂更加忌恨，每每向慕容暐大进谗言，说慕容垂野心勃勃、居功自傲，有悖逆篡位之心。他说得慕容暐对慕容垂疑虑重重，事事猜忌、处处戒备，甚至因觉得慕容垂能力太强，无人可以驾驭，密谋要杀掉他。慕容垂的两个亲属听到了风声，赶紧告诉了他，并说：“你不应该只等着受死，要先发制人，只要除掉慕容评，其他人就无能为力了。”慕容垂说：“这是骨肉相残，带头作乱，会给国家带来灾难，我宁可死去，也决不忍心那样干。”过了不久，这两人又来报告，说：“皇帝已经下了决心杀你，不能不早动手了！”慕容垂说：“那我宁愿到外边去躲避他们，也不愿意祸起萧墙！”

慕容垂的长子慕容令说：“如今想要保全家族与自身，又不失大义，不如我们先逃到龙城，然后以顺敬的言辞谢罪，等待主上的明察。”慕容垂只好听从。

公元 369 年十一月，慕容垂为脱身避险，秘密逃往龙城。到达邯郸后，慕容垂的小儿子慕容麟因为平时不受慕容垂喜欢，竟跑回去告状。太傅慕容评立即派精锐骑兵追赶，在今涿州境内追上了慕容垂。长子慕容令在慕容垂后面掩护，追兵也不敢逼近。慕容令对慕容垂说：“我们本想自我保全，现在事情泄露，计划已经来不及实施了。如今前秦国主正在广招英杰，不如前去归附他。”慕容垂进退无路，只好同意投奔前秦。于是，他们一路辗转，东躲西藏，终于带领全家主要成员逃到了前秦。

慕容垂虽在前秦屈尊为将，却遭到了前秦宰相王猛的排挤。公元 384 年，避祸逃到前秦的慕容垂终于找到了机会摆脱前秦，于是叛秦自立。公元 385 年一月，慕容垂攻克了中山；公元 386 年一月，定都中山（今河北定州）建立了燕国，史称“后燕”。

轻视前秦　前燕灭国

公元 386 年，慕容暐派人出使前秦，与前秦国君苻坚通好。朝中有人认为前秦操练兵士、讲习武艺，把粮食草料运到陕东，明显就是准备攻打前燕，根本没有通好的诚意。加上慕容垂逃往前秦，为他们出谋划策，有“伍子胥”般的祸患，所以应当提高警惕，加强战备，调整部署，随时防备前秦侵犯。慕容暐说：“前秦怎能为了一个叛逆之臣，而不考虑两个国家的睦邻友好呢？”大臣说：“邻国间互相兼并，由来已久。何况苻坚机智聪明，长于决断，从善如流。丞相王猛有安邦定国的才能，他们君臣配合默契。最终祸乱我国的，肯定是前秦！”慕容暐和慕容评听了都哧哧发笑，根本不当回事儿。

他们这里还没笑够，苻坚便派大将王猛领兵杀来，猛攻前燕的金墉守军。慕容暐派兵解救金墉，遭到王猛部将的阻击，前燕援军大败，死者达1万余人。金墉守军因增援部队没有来到，干脆投降了王猛。

公元370年七月，苻坚又派王猛、杨安率兵攻打前燕。慕容暐派慕容评等人率领本族与外族40多万精锐士卒抵御。慕容评认为王猛的军队前后无援深入远方，用持久战的办法就能制服他们。结果王猛派出5000名骑兵，把慕容评的粮草烧得一干二净。

慕容评急忙请求朝廷调拨粮草，慕容暐好不烦恼，派人到军中指责慕容评生性贪婪、为人鄙俗，多年来阻隔山林、霸占泉溪、卖柴售水，积攒的钱财和绢帛堆起来比丘陵都高，到这时候还守财如命，为什么不把钱帛散发给三军，激励斗志呢？为什么不用钱财征购粮草呢？怎么丝毫不以宗庙社稷为忧，半点不为国家存亡着想？

这里话音未落，王猛就领兵杀来。慕容评的队伍士气低迷，被打得狼狈逃窜，死伤不计其数。慕容评独自骑马逃回。王猛乘势猛攻，直逼邺城。苻坚又率领10万士卒与王猛会合，共同攻打慕容暐。

前秦大军兵临城下，有贪生怕死之辈半夜打开城门，跪迎苻坚军队入城。慕容暐与慕容评等几十人骑马逃往昌黎。苻坚派人在高阳追上了慕容暐，刚要把他捆绑起来时，慕容暐却说：“你是何等小人，却来捆缚天子？”那人喝道：“你这个贼虏！到如今还称什么天子！”于是横七竖八，把慕容暐捆成一个粽子，押到苻坚处。苻坚没有过分难为他，为他松了绑绳，命令他返回宫中率领文武官员出来投降。至此，前燕彻底灭亡。

西燕皇帝慕容冲

忍辱复统，气节可鉴。
攻灭秦敌，功绩史赞。
乐不思蜀，英雄气短。
前功尽弃，昙花一现。

慕容冲：从娈童到帝王

慕容冲是鲜卑族人，小名凤凰，昌黎棘城（今辽宁义县）人，前燕国君慕容俊的儿子，慕容暐、慕容泓的弟弟。慕容暐继承帝位后，慕容冲被封为中山王。他典型地体现了鲜卑人长得英俊的特点。慕容冲虽是男人，却有倾城倾国之貌，且有骁勇善战的吕布之勇。他既有一段鲜为人知的难堪情史，又有一段轰轰烈烈的皇帝风光。

幼年受辱　平阳起兵

且说苻坚灭了前燕，慕容暐率领内宫眷属及王公大臣屈膝投降，后被集体押送到长安。这一干人里，便有慕容冲和他的姐姐清河公主。清河公主当时14岁，正是含苞待放的少女，长得亭亭玉立，面貌清纯可人，被苻坚纳入后宫，百般宠爱。慕容冲当年只有12岁，也长得秀色可餐。偏偏苻坚性心理不大正常，经常对慕容冲干些“断袖”的勾当，搞得慕容冲很痛苦，但他身为奴虏，只好咬牙闭眼忍受。后来，苻坚在王猛的一再劝谏下才勉强打发慕容冲出宫。由于和苻坚关系特殊，苻坚让他当上了平阳太守。

随着年龄的增长和阅历的加深，慕容冲对苻坚的厌恶和痛恨与日俱增，日夜盼望燕国复兴。公元383年，秦、晋淝水之战爆发，苻坚惨败。是年三月，慕容垂乘机脱离前秦，起兵恢复燕统，前燕皇帝慕容暐之弟慕容泓听说之后非常振奋，也脱离前秦，逃亡到关东地区，召集当地牧马的鲜卑族人，聚众数千。慕容泓带领数千人马返回关西地区，攻占了华阴（今陕西华阴东南）。中山王慕容冲见自己复仇的时机已到，便聚集族众2万余人在平阳起兵，但是出师不利，初战便被前秦军队打败，慕容冲只好带着残余人马投奔了哥哥慕容泓。

同年四月，慕容泓败秦军于华泽（今陕西华阴西），取得了对抗前秦军队的胜利，又得到慕容冲前来会合的部众，声势大振，人马很快增加到10多万。于是，慕容泓派使者至长安，告诉苻坚：“燕国的慕容垂已经平定关东，燕国复国指日可待，你前秦迅速礼送回我们的燕主慕容暐，燕与前秦划定以虎牢（在今河南荥阳汜水）为界，互不侵犯，永为友邻。否则，绝不与你善罢甘休！”苻坚闻言大怒，责命被掠拘长安的燕帝慕容暐写信，招抚慕容泓、慕容冲。慕容暐却秘密派人告诉弟弟慕容泓，要他全力恢复大业，一旦听到慕容暐的死讯，就称帝复燕。本来慕容泓也有复燕称帝的大志，听了大哥捎来的口信，于是带领大军浩浩荡荡地向长安进发。苻坚慌忙派军5000人仓促迎战，结果被慕容泓打得落花流水。慕容泓声威愈壮，部众日增，加之慕容暐已被苻坚所杀，于是慕容泓正式称帝，建立燕国，史称“西燕”。但是，由于慕容泓用法严苛，遭到属下谋杀，慕容冲被推立为皇太弟，行皇帝事。

阿房称帝　占据长安

公元384年七月，慕容冲率军向长安进军，苻坚派出5万兵力抵御慕容冲。慕容冲虚张声势，命妇人乘牛充数，举竿为旗、扬土为霾，并击鼓呐喊。秦军不知道慕容冲有多少人马，故而怯阵败走。苻坚又派出3万人马在灞上攻击慕容冲，又被慕容冲打败。一个月后，慕容冲占据并入住阿房城，随即带兵向长安逼近。

公元385年正月，慕容冲在阿房城称帝，改年号为更始。五月，慕容冲集中全部人马向长安发起猛烈进攻，再次大败秦军，并杀死其主将，长安城破。慕容冲率军进入长安城。苻坚身披铠甲，督军巷战，浑身中箭，遍体流血，难以支撑。苻坚便让太子苻宏留守长安，自己带着近臣、眷属率骑兵数百逃到五将山（今陕西岐山东北）养伤避难，随后苻坚遍告州郡，约定初冬救长安。谁知苻坚一走百官逃散，人心崩溃。太子苻宏自知抵挡不住慕容冲的猛攻，也带着妻子逃离了长安。慕容冲乘机占据了长安。

乐不思蜀　为将所杀

慕容冲占据长安后，对前秦多年的痛恨就像岩浆一样喷泻而出，下令官兵肆意抢掠，胡作非为。长安百姓顿时陷入匪窟，家家被劫掳蹂躏、户户遭践踏摧残。官兵们精神物质双丰收，百姓们财产尊严两遭殃。

慕容冲喜欢住在长安，不思东归。其原因，一方面是他忌惮和慕容垂所建立的后燕政权发生冲突，另一方面也是最主要的是他贪恋长安物资丰富，美女滋味大不同。于是便横征赋税，恣意使民，倾全国之力营造宫殿，修葺城垣，做长久安居、逍遥享乐的打算。西燕将士多为徒河鲜卑人，强烈希望东归故乡，个个归心似箭，而慕容冲却乐不思蜀。于是，西燕君臣之间产生了严重分歧，招致部下强烈怨恨。朝廷的几个要员认为，慕容冲安于现状，又滥行苛政、纵兵祸民。舆论越造越大，愤怨越积越多，便有带兵将领怒火攻心，率部冲入皇宫将慕容冲杀死。拥立慕容冲的将领段随为西燕王，改年号为“昌平”。可怜慕容冲刚刚报仇雪恨，转眼又做被恨人，乐不思蜀非好汉，前功尽弃化烟云。

中山王闾大肥

深明大义归正统，
双身附马屡建功。
尽心竭力佐魏政，
追谥为王善果终。

闾氏三兄弟　三驾中山王

闾大肥，南北朝时期北魏将领，柔然人，是柔然国的部落首领之一。归魏后，他历事太祖拓跋珪、明宗拓跋嗣、世祖拓跋焘三帝，为北魏建立了不朽功勋。

在北魏首任皇帝拓跋珪时期，闾大肥与其弟闾大泥率自己的部落归顺了魏国。拓跋珪给予他厚待，赐爵“其思子”，又将自己的女儿华阴公主赐给他为妻，闾大肥成了北魏的驸马。北魏第二任皇帝拓跋嗣即位后，闾大肥升任内都大官，被晋封“其思侯”。后来，他的妻子华阴公主殁，北魏皇帝又将自己的女儿濩泽公主赐给他为妻。于是，他成了“双料”驸马，这在历史上是很少见的。

公元 413 年，闾大肥在率军讨伐越勒部时勇猛善战、出奇制胜，于跋那山大破越勒军，俘获越勒部战马 5 万匹、牛 20 万头，迁 2 万余户于大宁。公元 420 年初，闾大肥因战功卓著被升为都将。

闾大肥曾两次奉命率兵攻打南朝宋国。第一次是在公元 422 年十一月，北魏出兵攻打南朝宋国的虎牢，拓跋嗣派遣闾大肥率兵 7000 人，会同其他几路魏军南渡黄河，驻扎在碻磝（今山东茌平）。十一月十五日，南朝宋国兖州（今山东兖州）驻军放弃阵地，仓皇南逃。闾大肥率领 12 军出兵中路，占领南朝宋国的泰山、高平、金乡等郡，又是不小的功劳。第二任皇帝拓跋嗣授任闾大肥为临时使持节、安阳公，安抚陈、汝两地。

第二次是在公元 423 年三月，北魏第二任皇帝拓跋嗣率军亲征南朝宋国，抵达盟津后，在冶阪津（今河南洛阳西北）搭建黄河浮桥。三月二十八日，拓跋嗣率军北渡黄河，向西前往河内。闾大肥会同其他将领攻略土地，先后到达湖陆、高平，当地居民聚集在城堡中，向闾大肥部发箭射击。闾大肥等人想不到南朝宋国的老百姓还挺爱国，都被激恼了，于是发起猛攻，连续攻破高平各县，屠杀数千家，掠获 1 万余人。

闾大肥还两次受命率领禁兵讨伐柔然。第一次是在北魏第三任皇帝拓跋焘初年，柔然首领大檀统率骑兵 6 万侵入云中把拓跋焘团团围住，形势十分危急，拓跋焘命闾大肥率军杀入云中抗击大檀。闾大肥真不愧是一代英雄，他一出阵就射死了柔然的前锋主将。柔然军无心再战，慌忙撤退，因此解除了拓跋焘被围之危。大胜归还后，北魏第三任皇帝拓跋焘封闾大肥为内都大官，冀、青二州刺史。

第二次是在公元429年，北魏第三任皇帝拓跋焘让闾大肥再次担任都将，率军攻打大檀，这次打得更加漂亮，如秋风扫落叶一般，打得对手损失惨重，闾大肥全胜而归。

闾大肥回师到濡侯山时，顺手袭击了东部高车，跟随拓跋焘讨伐大夏皇帝赫连昌时，因战功受封荥阳公，后又征讨平凉，都立有战功，可以说是战功赫赫，威名远扬。拓跋焘要封闾大肥为王，但他生病去世了。拓跋焘便追赠他为中山王，以示沉重哀悼和高度褒奖。

因闾大肥之子闾贺早亡，闾大肥的弟弟闾磷继袭了中山王的爵位。

中山王闾磷

兄殉弟及柔然磷，
仇池镇将袭王尊。
民族融合共建业，
推动中华历史轮。

闾磷、闾凤：无后弟相继为王

公元429年，闾大肥病死后，闾磷袭兄爵为中山王，被封为仇池镇将。因闾磷死后无子，其弟闾凤袭爵。

定州署前北宋名相韩琦巨雕

中山王闾凤

蠕蠕宗族归魏宫，
三兄三王三英雄。
鼎扶拓跋霸业盛，
得道多助众志诚。

中山王闾凤

闾凤为闾大肥、闾磷的弟弟。兄弟三人中闾凤居小，袭兄闾磷爵位为中山王。魏高宗拓跋睿时期闾凤为内都大官，被封为镇南将军、肆州刺史。因闾凤无子，死后爵位被废除。

定州署正门亦称仪门

中山王元纂

浪子回头金不换，
悔过自新堪风范。
居官清廉民拥戴，
中山大地英名传。

简王元纂：顽劣皇孙的人生转折

元纂，昭成（什翼犍）第三子秦明王翰之孙，拓跋仪之子，北魏道武帝拓跋珪的族弟。元纂 5 岁时就聪明敏捷、有礼有节，深受太祖拓跋寔宠爱，命养其于宫中，享受着与太子同样的恩惠。

优越的生活条件，使元纂好喝酒、好戏耍又好赌钱，调皮捣蛋胡折腾，简直没有人样。世祖拓跋焘认为，这都是陪读、老师、侍从等人的失职，于是把他们统统杀掉了。

元纂被吓得不轻，痛心不已，耳边警钟长鸣。于是他深刻反省，悔过自新，修身养性，严格自律，渐渐成了一个品学兼优的好孩子。

“知错能改，善莫大焉。”元纂受到拓跋焘的赏识，被封为定州刺史。元纂居官清廉、平易近人、恪守职责，很受百姓爱戴。拓跋焘又封他为中山公。公元 426 年五月，元纂由中山公晋封为中山王。

元纂在宗族同辈中属于长者，德高望重，宗族中但凡有娘生日、孩儿满月、娶媳妇、嫁闺女、兄弟不和、妯娌抬杠等事宜，都愿意由他主持办理或调解。拓跋焘感到既骄傲又自豪，便授元纂为征东大将军，处理军中大事。

公元 437 年正月初七，征东大将军、中山王元纂病死，被追谥为“中山简王”。

中山王元长

县志明载中山王，
北魏太武名元长。
清浊事迹均未见，
岂能遗漏列王榜。

元长：只知道有这个中山王

元长，北魏太武帝拓跋焘时被封为中山王。此位中山王仅被载于中华民国二十二年（1933 年）《定县志 · 职官篇》，古籍则未载。

中山王元辰

自古伴君如伴虎，
舍身忘死保君主。
君昏臣佞忠良殉，
世间何物赎英骨。

元辰：比窦娥还冤的北魏大将

元辰本姓拓跋，是北魏太武帝拓跋焘的兄弟，也是北魏大将，因军功被封为中山王。

公元 442 年九月，魏主拓跋焘分军四路攻袭柔然到漠南，元辰率领 15 员大将为中军后援。拓跋焘命令军士抛弃累赘，轻骑猛扑。拓跋焘的车驾到了鹿浑谷，与柔然军相遇，柔然败退，魏军追至頞根河，将柔然军击败，俘虏军士 2 万余骑而还。

公元 444 年二月，北魏国主拓跋焘打算继续攻袭柔然汗国时，尚书令刘絜劝谏说："柔然人是游牧民族，居无定所，不容易找到目标。不如扩大农业生产、广屯粮食，等他们前来。"司徒崔浩却坚持支持拓跋焘前去征讨，拓跋焘接受了崔浩的建议。刘絜因为自己的建议未被采纳而感到羞恼，竟然吃里爬外，想办法使北魏军队打败仗。拓跋焘与各将领约好日期在鹿浑谷会师，刘絜却假传诏令私改了出征日期，各路将领按刘絜私改的日期赶路。结果拓跋焘已经到达鹿浑谷 6 天了，北魏中山王元辰等 8 名将领还没有按时到达，贻误了战机，使柔然国君乘隙逃走。北魏将士拼命追赶，可"撒手的兔子、漏网的鱼"，哪里还追得上？北魏军队回师时途经沙漠地带，粮食已经吃完，饿死将士无数，拓跋焘大为恼火，下令将延期迟到的将领一律斩首。元辰辩解说："我们是遵照陛下的诏令按时出发的，并没有丝毫懈怠，这里边一定有人捣鬼。"由于是口头诏谕，刘絜也坚称是按照国主的意思传达的，此时已无对证。元辰又辩解说："就算我一个人奉诏不遵，难道 8 个人都故意贻误军机吗？"拓跋焘怒火正盛、心智失灵，加上刘絜百般诬陷，拓跋焘认定元辰等 8 人串通一气，故意抗命不遵，于是在公元 444 年二月初六，将北魏中山王元辰等 8 名将领在魏都平城南郊全部斩首，造成了北魏历史上一大冤案。

后来，拓跋焘查出果真是刘絜捣鬼，便立即下令将刘絜枭首示众。想到被自己错斩的 8 名将令，拓跋焘肠子都悔青了，他说："即便将奸佞刘絜诛灭九族，碎尸万段，也换不回元辰等 8 名虎将的性命啊！"说罢，拓跋焘忍不住号啕痛哭。

中山王拓跋托真

征东将军元托真，
因功封王建功勋。
奋战助魏北方统，
精忠报国献丹心。

元托真：因功封王的征东将军

拓跋托真是鲜卑人，北魏皇族。公元 450 年，北魏第三任国主拓跋焘征伐柔然，得胜还朝。二月己酉，平昌公拓跋托真因功被封为中山王。太安四年（公元 458 年）十二月，征东将军、中山王拓跋托真病死。

中山王李盖

北魏皇戚定州李，
名门望族驸马邸。
神射丞相祖李盖，
王侯三代耀故里。
孙女御封思皇后，
外甥元宏孝文帝。

李盖：神箭、驸马、宰相，真是“盖了”

李盖是魏中山（今河北定州）人，最初他只是拓跋焘手下的一位将军，因为箭术超群被称为“神箭”，深受拓跋焘的信任。后来，拓跋焘的亲妹妹武威公主寡居，拓跋焘感到武威公主孤独无依，就想把她改嫁给李盖，但是李盖是有妻之臣，妻子于氏十分贤良，生子李惠。李盖表示不同意。最后，拓跋焘强迫李盖娶了武威公主。李盖便成了驸马，属于皇亲国戚，于是步步高升，官至宰相之位。

武威公主嫁到李府后，尽心抚养年幼的继子李惠。后来，武威公主还为李惠娶了个好媳妇，为李盖生了两个孙女。大孙女嫁给了北魏第六任皇帝拓跋弘，李盖当上了皇帝的丈爷爷。后来，这个孙女给拓跋弘生了一个儿子，即北魏的第七任皇帝——孝文帝，李盖又成了皇帝的太姥爷。他身份高贵、名声显赫，李家成了名门望族。

李盖死后，被封赠为征南大将军、定州刺史、中山王，谥号“中山庄王”。

中山王王睿

献身太后凤求凰，
虎圈救驾帝宠赏。
寿终厚葬惊天地，
赴庙立碑返晋阳。

王睿：深受皇后宠爱的最帅中山王

王睿小时候家里穷得叮当响，跟随父亲学习算命占卜以维持生计。北魏太子拓跋廓偶然看见他，惊奇天下竟有这般美男子，便破格将他擢升为朝廷官员。

公元 476 年，北魏文明太后冯氏再次临朝听政。她见王睿身材魁伟、仪表堂堂，竟然萌发了“爱情”，便经常以算卦为名，把他召进后宫。一来二去，王睿成了文明太后的面首，文明太后每天都和他同床共枕，翻云覆雨，纵情淫乐，并给了他很优厚的待遇。先升他为给事中，又提拔他为吏部尚书，赐爵太原公，并秘密赏赐田园、奴婢、牛马，以及数不清的金银财宝。除此之外，还允许他参与军政大事。王睿很快成了头号富翁和朝廷重臣。

公元 478 年，北魏第七任皇帝拓跋宏和文明太后率领百官与诸方的贵客亲临虎圈观虎。突然有一只猛虎跑出虎圈，几乎要接近拓跋宏的御座。皇帝和左右侍卫惊慌失措，纷纷躲避，唯有王睿独自执戟冲上前去驱逐猛虎，护卫圣驾，猛虎被迫退走。王睿的勇敢和忠诚换来了拓跋宏和文明太后的加倍信任，诏赐王睿免除 8 种刑罚制裁，永久免除徭役。公元 480 年，王睿被提拔为中书令，封爵中山王，加镇东大将军。王睿的妻子丁氏被封为妃。

王睿有两个女儿，被文明太后视为亲生。王睿的女儿出嫁时先被太后接到宫中太华殿居住，再让男方到太华殿迎娶。等女儿登上车后，太后又送了半路，场面极其盛大，惊动了平城的千家万户，都以为是皇家的女儿出嫁，使王睿受宠若惊。

王睿对于国事也很有见识。有一次发生了一起僧侣谋反事件，很多教徒受到牵连。王睿上奏说：“可以惩处首恶，赦免随从，这样既显得陛下君威难犯，又有宽仁之德。”拓跋宏听后觉得很有道理，便听从了他的谏言，赦免了 1000 多人，这些人无不感恩戴德。

对于治国之道，王睿也颇有见地。在他患病期间，探视看望的人络绎不绝。拓跋宏、文明太后更是每日都亲自前去探视。病重以后，王睿给皇帝拓跋宏上了一篇很长的奏章，其主要意思是说："我听说忠心为君主办事的人，气节和信义临死时更加显著。所以诸葛亮死于军中之前，还不忘保全蜀国的策略；病已经非常严重了，还惦记如何让国家健康发展。我虽然愚昧，但不敢忘记这些令人景仰的品行。我受到朝廷的恩惠，就像顶着天、盖着地。如今我眼看要死了，所以不揣愚陋，陈述一点点治国的管见。一是谨慎使用刑罚。只要执法清正，里里外外就不会出现坏人。二是任用贤能。只有贤能得到器重，才能成就丰功伟绩。三是亲近忠孝信义之人。忠孝信义之人位置显著，敢于进言，陛下才能看清是非、辨明真伪。四是远离诋毁他人、巧言逢迎之徒。这样才能杜绝疑忌和离间。五是对坏官员要坚决罢黜，让好官员步步高升。这样，那些贪图好处而违法乱纪的官员就会改正……"王睿身为男宠，并因此升官发财，不属于正途入仕，但他有忠君谋国的一面。

公元 480 年七月，中山王王睿病死，时年 48 岁。拓跋宏、文明太后亲自到府中致哀，并组织了一个规格很高的"治丧委员会"。命人营造坟墓、竖立碑铭、建构祀庙。其丧仪之隆重，哀荣之盛大，名冠当时。随后，朝廷又安置了 5 户人家守护祀庙，还请著名画家描绘王睿驱虎护驾的形象，将图画悬挂于各个宫殿。再让一流作家撰写赞美文章，谱曲做歌，起名《中山王乐》，诏命乐府合乐而奏之，京都士女也要广泛歌颂。

王睿被安葬后，其子王袭继承了王爵。拓跋宏还觉得不够，封了王袭一系列官爵。王睿的兄弟被封爵于并州郡县。王睿死去的父亲王桥和母亲贾氏也被相当隆重地追封。魏都迁到洛阳以后，因王睿曾自称原籍在太原晋阳，又把他的坟墓迁葬到太原晋阳。至此，王睿的丧事才算尘埃落定。

中山王王袭

只承祖业不久常，
唯有奋蹄自图强。
沽名钓誉纸包火，
欲盖弥彰遭祸殃。

王袭：沽名钓誉招祸殃

王睿死后，他14岁的儿子王袭继袭中山王位。拓跋宏恩赐王袭代领都曹，为尚书令，领吏部曹、中部，依典承袭。

都曹尚书令为百官之首，王袭一个懵懂少年怎么掌控得了？所以常常误事。但文明太后爱屋及乌，对王袭并不十分责怪，只是把王袭的王爵降为公。文明太后死后，王袭仍是拓跋宏的近臣，但在待遇上却开始滑坡。后来王袭出任并州刺史。

公元493年，拓跋宏因羡慕汉族文化而大胆变革，改胡服为汉装，改拓跋为元，并迁都洛阳。起初元宏迁都途中路过并州，听说刺史王袭在当地声望很高、政绩斐然，觉得王袭干得不错，但随后元宏看到并州庶民竞相为王袭立碑竖铭，沿途两侧碑牌林立，都是赞扬王袭的，他心里就奇怪，就算古之尧舜，也不至于这样离谱！元宏就派人进行了深入细致的走访调查，原来这些歌功颂德的碑铭都是王袭命令百姓立的，真是无耻至极！于是元宏将王袭的爵位贬降了两级。

公元501年，王袭病死，享年34岁，留下了沽名钓誉的名声。

中山王元英

三落四起任贬升，
万里江山擎天柱，
四世封王盖世功。
若无美雄驱虎豹，
岂有康泰庆升平？

元英：三落四起的护国将军

元英是北魏皇室近支宗亲，也是北魏著名的军事将领。他自幼聪明敏锐，博闻强记，善于骑马射箭，爱好吹笛，还通晓医术。元英的一生既戎马倥偬、效命疆场，又跌宕起伏、胜败沉浮。

率军攻齐　因功拜将

公元495年，北魏第七任皇帝元宏征伐南齐，元英认为“大驾亲动，势倾东南，汉中有可乘之会”，便请求率兵进攻齐国属地汉中（今属陕西）。元宏批准后，元英引兵杀奔汉中，走到陕西沮水时，南齐守军将领统兵2万，占据险要地形，依山傍水，分四营立五栅，居高临下，隔水为营，抵御元英。元英知道齐军虽然壁垒森严，但不是众志成城，若集中精锐兵力攻其一营，其他四营必然不攻自破，便率军猛攻一营，将其杀得人仰马翻。其他四营见元英军队如同饿虎扑食，都有些怯阵。元英乘胜攻击，另外四营便都作鸟兽散。元英军队士气大振，如滚滚波涛汹涌而来，进攻到陕西汉中东郊的南郑城下时，汉川之地的兵民以为神兵到了，都率部归附了元英。

南齐萧懿闻听沮水兵败急忙组织反攻，结果派出的两路大军全被元英歼灭。魏军得胜收兵之际，萧懿派出的另一支部队抵达战场。此时的魏军已疲惫不堪，没有料到齐军会突然杀来，加上寡不敌众，将士都很恐惧，准备逃走。元英见齐军来攻，故意放松缰绳，信马由缰，神色自若，登高瞭望，指指画画，假装出排兵布阵的样子。士兵见主帅如此，料定必有制胜法宝，于是军心稳定，元英立即整军迎敌。萧懿见此阵势疑心魏军设有伏兵，便徘徊不前。元英率魏军乘隙猛攻，大败齐军，接着包围了南郑。

萧懿据城固守，元英领军轮番攻城，连续激战了十几天。南郑守军感到自己成了瓮中之鳖，军心浮动。这时有人出了一条妙计，把数十座空仓库贴上封条，然后对将士们说，这里面全是白花花的大米，你们只管放心守城，城内守军这才安定下来。眼看南郑不能一时攻克，魏帝元宏只好下诏让元英班师回朝。元英就命老弱将士先行撤退，自己则率领精锐部队殿后，还故意派人向萧懿告别。萧懿认为其中有诈，没敢追击。两天以后，萧懿才明白过来，又是派兵追击，又是收买仇池的氐族人切断元英的粮道和归路。元英率军誓死拼杀，且战且退。他的面部为流矢所伤，为了稳定军心，他没有告诉任何人。元英率军安全撤回仇池后，派兵荡平了仇池的氐氐诸部。汉中之战，元英智谋过人，几次智胜齐军，大大削弱了齐军的实力，后又消灭了仇池的氐氐诸部。元英因功被升为安南大将军，并赐爵广武伯。

镇守荆州　屡请南征

元英的父亲元桢去世后，元英辞职回家守孝，这是元英第一次隐退。后来，魏帝元宏征讨汉阳时，元英复出，奉命镇守荆州。

公元 499 年正月，齐国派兵 4 万攻打荆州，元宏命元英率兵抵御。二月，元英与齐军交战，结果元英屡战屡败。三月，孝文帝闻听元英连败，亲自率兵从洛阳出发援救元英。到南阳后，他以元英作战失利为由，免去了元英的官爵，这是元英第二次沉落。

是年四月，魏帝元宏患病，只好退兵，还都洛阳。谁知元宏丝毫没有与疾病做斗争的信心，半道上就去世了。太子元恪即帝位，成了北魏第八任皇帝。元恪重新起用元英，至此元英经历了三起两落。

元英回到京都后，对于在荆州被齐军打败而丢官罢职的事情感到羞耻，时常想着报仇雪耻。加上局势非常有利，元英便屡屡向元恪提议对南齐用兵。元英上书宣武帝元恪说："南齐皇帝萧宝卷荒淫昏庸，襄阳一带的兵力倾巢出动，都在征讨秣陵，襄阳成了一座没有重兵防守的孤城。这是上天给我们的机会，过了这个村，再没这个店。我请求亲自统率步、骑 3 万直指沔南，占据襄阳城，切断黑水之路，齐朝的昏君虐臣就会自相残杀；而我军居于上游，再长驱南出，进军攻伐江陵，这样江陵、徐州、苏州三楚之地，就一下子都是咱们的了。我军得了这三块地盘，岷、蜀的道路自然就被断绝了。再命令扬州和徐州一起举兵征伐，齐军还往哪里逃？陛下就可以一统天下了。"元英对时局的判断的确是远见卓识，但元恪皇帝没有这么大的魄力，对元英的建议不予采纳。元英急得心如火焚，再次上表说："如今齐国皇帝萧宝卷骨肉相残，各藩镇互相对峙。义阳孤绝无援，又和我国比邻接壤，内部没有兵力储备用以固守，外部没有粮食、援军作为后盾，这活活就是猛虎入笼、贼寇投网，机会稍纵即逝，陛下如不抓紧攻取义阳，日后恐再难得手，如果放虎归山，回头必要伤人。"

元恪皇帝见元英屡请南征，也怕留下贻误战机的话柄，便象征性地派了两支军队，引军征伐南齐。由于根本没准备打大仗、打硬仗，结果损兵折将，一败涂地。后来，元恪皇帝终于认识到自己的失误，便拜元英为吏部尚书，晋爵常山侯。

伐梁建奇功　晋封中山王

公元 502 年，萧衍受禅称帝，建立梁朝，是为梁武帝，从此南齐灭亡。魏、梁两国的角逐拉开了序幕。

公元 503 年三月，宣武帝元恪出兵攻梁，诏命元英率军进攻义阳（今河南信阳）。梁国守军主帅闻听元英统率大军将至，便派遣手下将领率城外居民 3000 余家，在信阳城西南十里的贤首山建成三座营寨，摆开抗拒元英之势。

十月，元英领兵围攻贤首山，全军获胜并火烧其寨门。梁军主将被其手下杀死，领军投降了元英。十一月，元英带兵在河南光山西南处击败了另一路梁军，并乘胜进军，围攻义阳。

公元 504 年二月，梁武帝萧衍见义阳被困，派出步骑 3 万增援义阳。元英派手下大将进驻樊城（今属湖北襄樊），抗击南梁的援军。三月，元英率部击败梁国的增援部队，斩俘 4000 余人。元英继续围困义阳，昼夜攻城不止，但因义阳守军主帅很会打仗，双方相持了 100 多天，互有伤亡，胜负难分。不久，义阳守军主帅死了，元英便乘隙加强了攻势。

七月，梁武帝萧衍再次派兵营救义阳，援军呼啸而来，兵势甚锐。元英在士雅山（今河南桐柏境内）上构筑工事，故意躲藏不出，以示怯弱，并暗中设下埋伏。梁国援军不知是计，追到义阳城下突击元英大营。元英装㞞示软，败退而走。梁国援军以为捏到了软柿子，奋起直追，追至平原阔地时，突然伏兵四起，梁国援军被团团围住，结果梁军大败，2300 多人被杀，副将战死，主将逃走。主将逃回后，又聚集 1 万多人和元英死缠烂打，结果被元英大败。

八月，义阳守将见援兵营救无效，守城力竭，只好开城投降，三关守将知道后都弃城而逃，元英占领了义阳。元恪皇帝听说攻克了义阳，兴奋得睡不着觉，立即恢复了元英的封位，又改封中山王，食邑 1000 户。

钟离惨败　贬为平民

义阳的惨败使前梁开国皇帝萧衍仇恨满腔、怒火难息，于是梁、魏两国，你杀过来，我涌过去，征战不休。公元 505 年十月，梁武帝萧衍兴师进攻北魏，以其弟萧宏为统帅，率军进驻洛口（今安徽怀远境内）。

公元 506 年四月，北魏皇帝元恪命中山王元英率军 10 万迎击梁军。七月，元英击败前梁徐州守军，斩梁将 25 人，前梁军队死亡和失踪共有 5000 多人。前梁统帅萧宏既没胆量又愚蠢，打算溜之大吉。恰好天气突变，狂风暴雨不请自来，萧宏趁着雨大风高，径自溜掉了。洛口的大军群龙无首，纷纷四散而逃。元英率军猛追，斩杀前梁将领 42 人、军士 5 万，截获粮米 30 万石。梁军只好放弃梁城（今安徽淮南田家庵附近），移军扼守钟离。

公元 507 年正月，元英与平东将军杨大眼率数十万大军攻打钟离，并在邵阳洲（位于道人洲西，今安徽凤阳县东北淮河中）两岸架桥、树栅，作为跨淮通道。元英据南岸攻城，杨大眼据北岸立城接应，以通粮道。当时的钟离城中仅 3000 人，守城将士奋力抗击。元英身先士卒，带领魏军昼夜苦攻，轮番发起冲锋，梁军凭借城墙坚厚、居高临下，拼命固守。元英损失了 1 万多人，仍然无法攻克。

这时，梁帝萧衍已命右卫将军曹景宗、豫州刺史韦睿自合肥领兵增援钟离。曹、韦两军进屯邵阳洲。夜间，韦睿率众于曹景宗营地前 20 里处掘长堑、树鹿角，截洲为城，距魏军城堡仅百余步。直到拂晓元英才发现，却已经晚了，元英不免有些惊慌。曹景宗又派人潜水入城送信，钟离守军才知道救兵来了，士气顿时高涨。元英再次率众攻城，即使昼夜进攻也是徒劳。

三月，淮水暴涨六七尺，韦睿派水军乘斗舰袭击元英洲上驻军，搞得元英应接不暇。梁军又用小船满载麦秸稻草，浇上膏油，顺风放火，纵船而下，烧桥焚栅，形同赤壁之战。还有黄盖一般的敢死之士率队出击，人人奋勇争先，杀声震天，个个以一当百，锐不可当。元英的桥栅瞬间化为乌有，手下军士死伤无数，北魏军队的营垒顷刻间土崩瓦解。元英只好效仿曹孟德仓皇逃命，杨大眼也放火烧了营盘而去。兵士们争相投水而逃，淹死了十几万，跑不及的被就地斩杀。沿着淮水100多里尸横遍野，血流成河。梁朝军队生擒元英兵卒5万人，缴获的物品、粮食以及各种兵械堆积如山，牛马驴骡难以尽数。

钟离之战是北魏建国之后第一次惨败，损失达25万余人。元英上表请罪，宣武帝元恪赦免元英死罪，将他贬为平民。

临危复起　戎马终生

公元508年，北魏危机重重。八月，皇室宗亲元愉在封地谋反。九月，北魏郢州司马彭珍等率军叛魏，并暗中勾结梁军夺取了元英攻陷的梁国义阳城。同时，北魏武阳关、平靖关、黄岘关三关守将献出三关，叛魏降梁。十月，悬瓠城白早生等人杀死豫州刺史司马悦，据城南叛。

北魏在叛贼四起、局势动荡的危难之际，第四次起用了元英。元恪皇帝恢复了中山王元英的官职，食邑1000户，命元英率军平叛元愉，但元英尚未出发，元愉的叛乱就已被镇平。元恪诏命中山王元英率兵3万人援救义阳，因兵力不足，元英不断请求援兵，而元恪皇帝不肯增派。于是，元英转至悬瓠（今河南汝南），与当地魏军会师，联兵进攻悬瓠。

十二月，南梁副将齐苟儿等打开城门出降，元英命人斩杀白早生及其党羽数十人。随后，元英率军直趋义阳。南梁守将听说元英率军将至，弃城逃跑。元英追击，杀死南梁守将，尽俘其众。郢州全境复告平静。

公元509年正月，元英准备收复武阳关、平靖关、黄岘关三关，元英担心敌军将兵力集中于东关，便派人领兵佯攻西关，以便分散敌人兵力，然后亲自督军攻打东关。这时，元英听说梁帝萧衍派军增援武阳，于是停止进军，对众将说：“让这些援军入城，等我看清形势，再一起收拾他们。”等援军进了武阳关，元英才围攻武阳，只用了6天时间，武阳守关将领及其援军便出城投降。元英改攻黄岘关，敌军不敢迎战，弃城逃窜。元英又进讨平靖关，守将同样不战而逃。此战，元英共俘梁军大将6人、部将 20 人、士兵 7000 人，获得米 40 万石，其他军用物资也不少。

公元 510 年十二月九日，三落四起的中山王元英染病而死，结束了他的戎马一生。元恪皇帝诏命赠元英东园秘器、朝服 1 具、帛 700 匹，追赠其为司徒公，谥号“中山献武王”。

中山王元熙

文才著世令人仰，
时逢权臣陷忠良。
义愤救驾讨叛逆，
七尺男儿一命亡。

元熙：文才著世的中山王

公元513年，元英的儿子元熙承袭了父亲的中山王爵，得到皇帝的许多封赠，后来元熙又被授予相州刺史。是年七月，元熙走马上任，进入相州治地。

公元515年，北魏第八任皇帝元恪病死，6岁的太子元诩做了皇帝，元诩的母亲胡氏便以皇太后的身份总揽政务。她任人唯亲，滥施犒赏，极尽奢华，铺张浪费。元恪的弟弟，也就是皇帝的叔叔元怿，对胡太后的这些做法非常忧虑，他上书进谏，希望改善政治、加强军备、鼓励农耕，以增强国力。但是“良药苦口，忠言逆耳”，胡太后对此置之不理。元怿当时身为太傅居清河王爵，眼看胡氏擅权乱政，便施行实际抵制。

胡太后有个妹夫叫元叉，是皇室宗亲，此人不学无术，仅仅因为是胡太后的妹夫而骄奢淫逸。元怿性情耿直，弹劾元叉，这引起了元叉的记恨。元叉和宦官刘腾密谋诬陷元怿，上奏说元怿企图毒杀幼主元诩而自立为帝。6岁的元诩怎能辨别是非曲直？他便信以为真，假招元怿入朝，任由元叉、刘腾杀害了秉忠持节的元怿。元叉、刘腾同时篡权夺位，将胡太后和元诩皇帝幽禁于北宫，后又挟持幼主在朝中兴风作浪。

这时，中山王元熙正在相州担任刺史。听到元怿被害、胡太后和元诩皇帝被幽禁于北宫之后，不由得义愤填膺。为了匡扶正义、维护纲常、营救君主，元熙毅然在邺城起兵，准备讨伐元叉、刘腾。元熙的妻子于氏知道元熙如果起兵必然会失败，整日哭泣不绝。元熙说：“我是国家臣子，理当誓死报效君恩。现在皇太后被废在北宫里，太傅清河王元怿又横遭杀害。圣上年幼，一个人在殿上任人摆布。我若坐视不管，岂是为臣之道？纵然肝脑涂地，也在所不惜！”

公元519年八月，元熙正要出兵，不料属下数人已被元叉收买，这些悖逆之徒率领部下蜂拥而至，将元熙及其左右40余人全部杀掉，还将元熙的首级悬挂于高楼之上，并逮捕其长子景献，次子仲献、叔献。元叉派人将他们斩首于邺城街头，然后将所有首级送往京师。

公元526年二月，北魏第十任皇帝元子攸即位，他亲览冤讼，知道元熙忠勇可嘉，是被乱臣屠戮而死。三月，元子攸追认元熙中山王本爵，让元熙侥幸活下来的儿子叔仁继承王爵。追赠元熙使持节，都督冀、定、瀛、相、幽五州诸军事，大将军，太尉公，冀州刺史，增封1000户，谥号“中山文庄王”。

中山王元略

劝父让兄照肝胆，
举义逃祸避江南。
归故报恩展宏愿，
孰知忠孝难两全。

元略：魏将梁封的中山王

元略约出生于公元486年，是中山献武王元英的第四子，元熙的弟弟，字俊兴。人们评价他“才气稍劣于元熙，而有和气之美誉”。在魏最先被封为员外郎，后又升迁为羽林监、通直散骑常侍、冠军将军、给事黄门侍郎。

元乂和宦官刘腾犯上作乱时，诛元怿、囚太后、禁元诩，掌控了朝政。元略会同哥哥元熙一起准备举兵救驾讨逆，因消息败露元熙被杀，元略侥幸逃出，投奔驻守河内的司马始宾。司马始宾用苇秆扎成筏子连夜将元略送过孟津，隐匿于屯留人栗法光的家中。栗法光素来讲信义，欣然收留了元略。为了逃避追捕，元略转而投奔了西河太守刁双，在那里藏了一年多。当时悬赏通缉元略的风声很紧，元略感到此处仍不是久留之地，便请求刁双把他送出国境。刁双诚意挽留，说：“人固有一死，最难得的是为知己而死，希望你不要替我担心。”元略坚决请求南逃，刁双见元略去意已决，便派侄子刁昌护送元略渡过了长江，元略投靠了梁朝。元略素有才名，梁武帝萧衍对他非常欣赏，封元略为中山王，食邑1000户，并封为宣城太守。这样，魏将元略做了梁朝的中山王。

不久，北魏乱贼元乂被处死，胡太后重新掌握朝政，经过这一番劫难，胡太后幡然悔悟。得知元略仍在江南避难，胡太后向南梁皇帝萧衍婉转表达了想要迎回元略的意愿。萧衍答应了胡太后的要求。

元略从梁国回归北魏，梁武帝萧衍为其置办酒宴饯别，并赐金银百斤。萧衍亲率百官到江边送别，并派遣侍卫百余人护送元略返回魏国京师。北魏皇帝诏命光禄大夫刁双到边境迎接抚慰，又敕令徐州准备绢、布各1000匹赏赐元略。原来与元略相识的官员闻讯都到近郊迎接，似乎迎接一位盖世功臣。元略归魏后，北魏皇帝拜元略为侍中，赐爵义阳王，食邑1000户，还为其建造石人驿亭。后来，北魏皇帝又改封元略为东平王，拜车骑大将军、左光禄大夫，仪同三司，领左卫将军，侍中如故，加领国子祭酒，迁升为大将军、尚书令。

当胡太后知道元略是得到刁双等若干义士相救才保全性命后，对元略受难时所经之处，哪怕在谁家吃了一碗红薯稀粥，抑或在谁家睡了一夜冰凉土炕，一律厚赏，对元略有救命之恩的人更不消再说。除了皇帝不能给以外，一切随便挑。司马始宾、刁双、栗法光、刁昌这些直接保护过元略的人，统统被加官晋爵，成了时代楷模。

当时正值多事之秋，军国大事千头万绪，极为复杂。胡太后操控政权，元略是舍命救驾之臣，当然是备受宠爱，有些军国大事，胡太后也向元略征求意见。但此时的元略已成惊弓之鸟，不求有功，但求无过，可越是这样，胡太后对他越是信任。

公元528年，元诩皇帝去世，据说是被母亲胡太后所杀。皇帝一死，人心浮动。正在此时，早有颠覆北魏野心的大都督尔朱荣兵权在握，他以讨伐胡太后专权弄政为名攻入洛阳，把胡太后沉入河中。尔朱荣是元略的姑丈，但元略对他一向蔑视。尔朱荣知道元略跟胡太后亲近，又和太后的心腹大臣十分友好，于是决定铲除元略。

不久，尔朱荣就把包括元略在内的重要大臣全部杀死，史称“河阴之变”。以孝庄帝元子攸为首的北魏朝廷追赠元略为太保、司空、徐州刺史等官职，谥号“文贞”。

元略的墓在其被杀当年（公元528年）七月十八日建立。1919年，此墓志于洛阳北面的安驾沟出土。与同时代的墓志一样，元略的墓志介绍了其生平及家庭成员，被认为是有书法参考价值的文物。墓志现存于辽宁省博物馆。

中山王元叔仁

幼祸幸免避风港，
八载复萌见日光。
孰料又逢暴风雪，
风云莫测世炎凉。

元叔仁：大难不死也无后福

元叔仁是元熙的第四个儿子。公元519年八月，元熙父子被害时，只有小儿子元叔仁因年幼免遭杀身之祸，随母亲于氏移居到朔州。公元526年三月，复出的太后胡氏恢复中山王元熙本爵，下诏召元叔仁回洛阳袭中山王爵位。

公元528年二月，魏肃宗死后，野心勃勃的大都督尔朱荣制造了“河阴之变”，杀了北魏君臣2000人，元叔仁也在被杀之列。元叔仁在中山王位两年，其子元琳继袭中山王。

中山王元琳

北魏元琳袭爵王，
四世五王捍魏疆。
满门忠烈千秋赞，
拓跋无悔基业长。

元琳：满门忠烈袭爵王

元琳，护国将军元英的曾孙。元英族支四世受封中山王，自元英因功封中山王后，其儿子元熙、元略相继被封中山王。元熙死后，其孙叔仁继袭中山王。元叔仁死后，公元528年，元琳袭父中山王爵，入齐后王爵除。

中山王萧嶦

幼小丧母是苦根，
十岁少年任参军。
足智多谋赛诸葛，
亲善仁爱尧舜心。

萧嶒：亲善仁爱、救民于水火的一代贤王

萧嶒（公元479—522），字僧达，原籍东海兰陵（今山东枣庄），其高祖率家南迁江南，在晋陵武进县（今江苏常州）定居后繁衍形成庞大的萧氏家族。萧嶒是前梁武帝萧衍的弟弟，十几岁时就和哥哥萧衍一起在南齐供职。兄弟二人屡建功勋，声名显赫。

公元495年春，萧嶒奉命都督荆、湘等六州诸军事，并任荆州刺史。萧嶒赴任后励精图治、广辟屯田、减省力役、抚恤烈属、安顿贫民、广招贤士、虚心纳谏，将辖地治理得井井有条。

公元502年，南齐统治集团发生内讧，萧衍起兵建立了梁朝，南齐灭亡。萧衍加封弟弟萧嶒为安西将军、都督，仍任荆州刺史，并封其为始兴郡王，食邑2000户。

公元507年，荆州发水灾，江水溢出了堤岸，形同猛兽出笼，沿岸百姓面临灭顶之灾。萧嶒亲自率领府中的官吏、士卒、侍卫等冒雨修筑河堤。其时大雨滂沱、波涛翻滚，情形极为险恶。属下都说水火无情，劝萧嶒赶快登高避险。萧嶒说："百姓死活就在旦夕，我怎么能忍心去避险呢?"于是他身先士卒，扛土袋、搬石块、钉木桩，不顾性命加固堤防。这么大的"干部"都率先垂范，手下众人哪敢怠慢，一时间都成了抗洪英雄。英雄面前无困难，众人奋不顾身地抢险，加高了河堤，挡住了洪水，取得抗洪胜利。但是，南岸的郦州仍然被洪水围困，有几百户人家尚未脱离危险，百姓惊慌失措，有的弃家逃走，有的被困在屋顶，还有的趴在树上，景象实在凄惨！萧嶒知道后即刻奔赴江南营救，但无奈难民太多。萧嶒便派人张贴告示，悬赏招募一切平安之人营救百姓，规定救人一口必有重赏。"重赏之下，必有勇夫"，一时间来了不少救生员。萧嶒将救出的灾民分别护送到各郡安顿抚恤，淹死的免费供给棺材，田地被毁的划拨土地，发放粮种。总之，就是竭尽全力帮助灾民恢复生产、重建家园。灾民都把萧嶒视为重生父母、再造爹娘，自愿为他立碑称颂。萧嶒性情温和谦逊，不敢承受，婉言谢绝了人们的好意。

萧嶒是一个孝子，母亲病逝后，他悲伤得6个昼夜水米未进。此外，

萧嵴还恭兄爱弟，他的哥哥萧秀死在雍州任上。萧嵴悲伤之余将自己的全部财产分送给哥哥的家人和部下，使他们的生活得到保障，天下称其为“悌”。萧嵴又是一位谦谦君子，礼贤下士，平易近人，每次接待宾客都和客人同榻而坐，亲自筛茶倒水，深得众人敬佩。在领兵打仗方面，萧嵴也是出类拔萃的将帅之才。公元 510 年，北魏举兵侵犯梁国的巴南，并西攻南安，情况十分危急。萧嵴即刻前去营救，打得魏军一败涂地，魏将仓皇逃走，萧嵴缴获了无数战利品。

公元 522 年十一月，萧嵴染病而死，时年 45 岁。荆州人闻听大恩人去世了，不禁哭声四起，昼夜不息。许多州民即使择定嫁娶吉日，也都变更了日期以示哀悼。

萧嵴在未死之前，被改封中山王，死后其子萧亮嗣爵位。

东魏皇帝元善见

魏末枯萎半朽根，
虚名皇帝傀儡身。
有志无源难繁茂，
拓跋雄姿不复存。

元善见：史上最屈辱的皇帝

公元534年十月十七日，元善见即位。元善见是孝文帝元宏的曾孙，做皇帝也无可厚非，但他遭人打骂玩弄，窝囊了一辈子。按理说皇帝至高无上、富有四海、号令天下，怎么会落得如此不堪呢？这就要说到一个人——高欢。

公元528年二月，北魏第九任皇帝元诩暴毙，幼主元钊的统治相当脆弱。当时，大都督尔朱荣重兵在握，趁机起兵作乱，也想当皇帝。这家伙心狠手辣，把当朝太后扔进了河里，又杀掉了幼主元钊，诛杀王公大臣2000多人，史称“河阴之变”。高欢率军平定了这次叛乱，功劳无人可比，先被封为大将，后又升任丞相，一时间权势滔天，炙手可热，成了头号权臣。

北魏末代皇帝元修不堪被高欢颐指气使，于是逃离洛阳，投奔了宇文泰。高欢拥立北魏宗亲元亶为傀儡皇帝，但元亶刚愎自用、唯我独尊，不好摆布。高欢就把元亶赶下宝座，又拥立元亶11岁的儿子元善见为皇帝，高欢自任丞相，并迁都邺城（今河北临漳）。这样就同时出现了元善见和元宝炬两位皇帝，北魏王朝从此分裂为东魏和西魏。

元善见即位后有名无实，朝政都被高欢把持着。高欢虽然想取而代之，但弑君篡位属于大逆不道，搞不好要诛灭九族，因此不敢轻举妄动。为了掩盖自己的狼子野心，高欢表面上装得对元善见十分敬畏，朝中大小事宜都上奏皇帝，搞形式主义。元善见每次设宴款待群臣，高欢都带头跪拜。元善见去寺院做法会，高欢手捧香炉亦步亦趋地跟在元善见的后面。其他大臣见丞相如此恭敬，也都效仿，因此元善见还有一些皇帝体面，但仅仅是体面而已。

元善见自幼就很聪明，也有不小的志向。他知道若要夺回皇权，先要稳住高欢，于是元善见心生一计，主动提出立高欢的二女儿为皇后。对此，高欢“前后固辞”，元善见软磨硬泡。直到公元539年五月，元善见才和高欢的女儿拜天地、入洞房。这样，元善见和高欢成了翁婿关系，元善见争取到了暂时的安全，渐渐成长得有胆有谋、文武双全。《魏书》称他“好文学，力能挟石狮子以逾墙，射无不中”，大有先祖元宏时期的“孝文之风”。

公元547年，高欢去世，元善见急忙准备收归皇权。可是高欢人虽死了，但党羽还在，结果高欢的儿子高澄利用父亲的势力，继续把持东魏朝政。与高欢不同的是，高澄完全没有纲常伦理，活脱一个屠夫蛮汉。在高澄看来，若不是其父高欢平定了“河阴之变”，东魏的江山还不一定姓什么呢，于是他一门心思谋权篡位。

为了控制元善见，高澄派出心腹爪牙监视他的一举一动，对元善见也越来越肆无忌惮。一次，元善见在邺城东郊狩猎，驰逐如飞。后边监视的人高叫：“陛下不要跑得太快，大将军发火了！”高澄追上来，举着酒杯说：“臣高澄劝陛下饮酒。”元善见恼怒地说：“自古无不亡之国，朕亦何用此生为！”高澄大怒，指使手下连殴元善见三记老拳。元善见毕竟还是皇帝，马骑快了就要受到警告，敬酒不吃就要遭受打骂。拓跋氏当年的雄风，昔日的强悍，已是荡然无存！元善见哭天天不应、叫地地不灵，有心杀贼却无力回天。但是，元善见绝不是懦夫，仅从“自古无不亡之国，朕亦何用此生为”这句话，就足以看出他仍然秉持着宁肯亡国，也不接受小人摆布的决心和勇气。

尽管高澄大权在握，气焰嚣张，朝中毕竟还有忠义之人。这些人秘密联络，集体讨论，想了一个办法。他们在皇宫挖掘秘密通道，企图和元善见逃出城去，再组织兵马与高澄决战。但是地道挖到城门外时，被过路人听到地下有声音报告给了高澄，高澄弄清原委之后，立即披坚执锐，气冲冲地闯进皇宫，责问元善见：“陛下为什么要谋反，我父子两代为国家忠心耿耿、尽职尽责，并没有做对不起你的事，这大概是陛下左右的嫔妃怂恿你这样干的吧！”说罢不问青红皂白，就将在场的嫔妃全部杀死。

元善见怒不可遏，厉声反问：“自古以来只听说臣下谋反，还没有听说过皇上谋反，你要想造反，尽管干好了，何必装模作样！有胆量你连我也杀了！”高澄被驳得哑口无言，又觉得杀死他的时机未到，就干脆把元善见软禁起来，待时机成熟再弑君篡位。

公元549年八月，高澄正在准备篡位，一个素日与高澄有私仇的厨师利用送饭菜的机会，一刀结果了他的性命。

高澄一死，他的胞弟高洋就迫不及待地接替了他的权位，继续统摄朝政。元善见听说高澄被人刺死，大喜过望，对身边大臣说：“高澄之死是天意呀！看来上天是要把皇权归还给我了。”没想到话音刚落，高洋就手提宝剑，率领8000全副武装的兵将闯进皇宫，气势汹汹地对元善见说：“臣下家里的丧事尚未处理完毕，须立即回晋阳办理，特来辞行。”然后扬长而去。元善见目瞪口呆，感到大祸即将临头，无限愧疚地说：“我死并不足惜，可惜先帝的基业要葬送在我的手里了！”

高洋回到晋阳后招收兵马、扩充军队，筹办禅位事宜。万事俱备后，他率领10万大军杀回魏都邺城。高洋派人率兵闯入皇宫，对元善见说：“五行相运，有始有终，丞相高洋德高望重，才智超人，万方归心，希望陛下仿效尧舜，禅位给丞相。”

就这样，元善见被迫将皇位禅让给了高洋。高洋登基称帝，建立了新朝，国号为“齐”，史称“北齐”。东魏政权就此灭亡。

高洋即位之后，封元善见为中山王，其他方面也相当优待。公元551年十二月，元善见在中山为王刚刚1年有余，高洋感到政局已稳，元善见再无用处，便以设宴款待为名，在杯中偷放毒药。中山王元善见中毒身亡，时年28岁，他的3个儿子同时被害死。

元善见11岁即位，27岁禅位，28岁被杀，可怜他生不逢时，皇权旁落，徒有虚名，在悲愤中走完了屈辱的一生。

中山王李仲良

出身高门国公后，
征战鼎助太原守。
李渊建业归大统，
御封中山为王侯。

李仲良：骁勇善战的唐皇宗亲

李仲良，代北武川（今内蒙古武川）人，和唐高祖李渊是一爷之孙，身世相当显贵。

公元 617 年，隋朝天下大乱，政权摇摇欲坠。当时的李渊官拜太原留守，乘势从太原起兵。李仲良虽然年幼，但善于骑射，敢打敢拼，便跟随李渊南征北战、东挡西杀，表现十分优秀。公元 618 年，李渊攻占长安，建立唐朝，李仲良被封为中山郡王。

定州署復阅古堂

唐太子李承乾

太子龙种储皇帝，
两代诚育欲成器。
境遇生变未警惕，
涉靡贪乐前功弃。
天子庶民一步遥，
琢玉不巧成敝屣。

李承乾：前功尽弃的盛唐太子

公元619年，唐太宗李世民的长孙皇后为他生下第一个儿子。因为生于承乾殿，唐高祖李渊为这个皇孙赐名“承乾”，取“承继皇业，总领乾坤”之意。这样的名字已经暗含了承续大统，接班掌权的意思。公元620年，不满两岁的李承乾被封为恒山王。公元624年，李承乾徙封中山王。长到8岁，李承乾被确立为太子。至此，李承乾成了李唐王朝的法定接班人。

既然是未来的皇帝，那就不能粗放散养，要学知识、学文化，掌握治国安邦的本事，需要重点栽培。于是，爷爷李渊、父亲李世民两个人对李承乾的珍惜爱护、培养教育，可以说超乎寻常，呕心沥血，不计代价。

大唐太子　备受爱宠

李承乾出世之后被唐高祖李渊和李世民视为心肝宝贝，自然要小心将养，严防患病。如此还远远不够，唐高祖李渊和李世民又网罗了一批大师级学者对其进行教育。张三讲孔孟、李四说老庄、王五授释道，总之是天文地理、文学历史、思想政治、哲学经济全面培养。

公元626年，玄武门之变，李世民逼迫李渊禅位，尊其为太上皇，李世民称帝，是为唐太宗。十月，年仅8岁的李承乾被册立为太子。

李承乾由于天性聪敏，幼年又受到良好的教育，因此颇识大体，很有素质。唐太宗每次执政行令，李承乾都细心学习如何处理政务。对于尊长，李承乾谦恭礼敬，这就更招李世民宠爱。李世民每逢出行便让李承乾驻守长安，监理国政。

公元630年五月，李世民让李承乾“宜令听讼”，还说“自今以后，打官司告状的人如果不服判决，可以到东宫上诉，由李承乾断决”。可见，唐太宗已经在有意识地锻炼李承乾的执政能力了。这时候，李承乾不过12岁。

受到父皇的百般宠信，李承乾并没有恃宠而骄，而是潜心研究治国之道。有一次，李世民让他写一写治国策略，结果他很快便写满了 3 页纸，写得文辞典雅，很有见地。李世民看了非常得意地向侍臣炫耀说：“先论刑狱为重，深得经邦之要也。”欣赏之情溢于言表。

公元 634 年五月，太上皇李渊病逝，居丧期间，李世民让太子李承乾暂时执掌军国大事，而李承乾“颇识大体”“颇能听断”，干得相当出色。同时，李承乾还恪守孝道。他的母亲长孙皇后旧病复发，卧病在床，李承乾日夜侍奉，煎汤熬药，寸步不离。

荒诞不经　太子失宠

李承乾的腿脚有些毛病，走路不太利索。先前他还不在乎，长大之后就觉得有损太子形象。这也是人之常情，但李承乾由自卑而自贱、由自贱而自弃，心理出了问题。心态一变，一切都变，他的行为越来越荒唐。先是贪恋声色，之后竟带领下人去偷老百姓的牛马，杀死后大家煮着吃。他又莫名其妙地崇尚起突厥人的文化习俗，经常私自引领突厥人进入宫内，让突厥人按照自己的习俗为他举行“葬礼”，这就闹得过火了，但他还想寻找新的刺激。那就试试同性恋吧！当时的皇宫戏班中有个叫称心的人，虽身为男性却万分妖娆，李承乾和他在一起日夜厮混。对于李承乾的荒诞不经，李世民很是恼火，就令人杀死了称心，罢免了一批教育太子的大臣。如此，李承乾还是管不住自己，暗生闷气，一连几个月称病不上朝。后来，李承乾又发明了新的胡闹方式，在宫中分派两队人马，手持兵器、身披铠甲，双方真刀实枪厮杀起来，每次都有人伤亡。

李承乾胡闹到没有样子，李世民煞费苦心地任命元老级人物魏徵为太子太师，还下令让诸位重臣规劝太子。起初，李承乾对父亲还有所顾忌，也尽量不让大臣抓住把柄。每逢临朝视事，他必言忠孝之道，但退朝后他仍然管不住自己，荒唐古怪的行为难以矫正。他根本不把辅导、规劝大臣看在眼里，甚至打算对屡屡劝谏他的若干大臣痛下杀手。

唐太宗屡屡“搜访贤德，以辅储宫”，先后挑选了十余位历经沧桑、阅历丰富的老臣、名臣出任东宫辅臣，最后都没有收到预期的效果。李世民看到太子越来越无法教养，对李承乾越来越不满意，于是产生了废掉太子的念头。

兄弟相争　反叛被贬

皇帝这个位置对人的诱惑太大，为了夺取皇位而闹出来的惨剧不胜枚举，正所谓“无情最是帝王家”。随着李承乾渐渐失宠，皇位之争也就在所难免了。

李承乾的劲敌是他的同胞兄弟李泰，他是李世民的第四个儿子，以博览群书、文才出众、文笔犀利著称，同样受到李世民的宠爱。李泰看到哥哥李承乾失去宠信便蠢蠢欲动，恨不得一下子就把哥哥拉下马来，自己取而代之。于是，他让手下人广结朋党、笼络重臣，为自己做太子大造舆论，又与开国元勋房玄龄的儿子房遗爱等20余人结成死党，组成了一股颠覆太子的强大势力。

此时，太子的天平已经倾向李泰，李承乾再想回到从前已不可能。李承乾便动了阴暗心思，要除掉李泰。他先派人冒充李泰的手下人到李世民那里告状，诬告李泰有种种不法行为，不料遭到李世民一顿痛斥。李承乾索性派刺客暗杀李泰，也没有成功。李承乾感到大势已去，竟孤注一掷，招募刺客壮士发动武装政变，企图杀害李世民，武装夺取政权。不料消息泄露，李世民立即将他幽禁起来。

李承乾弑君篡位固然罪不容赦，但李世民实在不忍心处死太子，便将这个棘手的问题交给了诸位大臣：“你们说说，该怎么处置承乾？”皇子谋反按律当诛，根本就无须商讨。众大臣知道李世民根本不想杀了李承乾，于是集体噤声。但是装哑巴也不解决问题，最后还是有人站出来，说：“陛下上不失做慈父，下得尽天年，即为善矣。”唐太宗听了正合本意，于是下令将李承乾废为庶人，发配到黔州，李承乾总算是保住了一条性命。公元644年，李承乾卒于黔州。

中山王李尧臣
自幼生长皇族家，
祖父李渊争天下。
五州刺史李凤镇，
尧臣封王享荣华。

李尧臣：唐高祖李渊的孙子

李尧臣是唐高祖李渊之孙，他的父亲叫李凤，是李渊的第 15 个儿子。李凤有 5 个儿子，李尧臣是李凤的次子。约公元 635 年，李尧臣被封为中山郡王。

中山王李思顺

中山郡王赵王琚，
太宗玄孙辅唐帝。
大唐江山李家坐，
肥水岂能流外地？

李思顺：肥水难留外人田

李思顺，字琚，李唐宗室。他的祖父李恽是唐太宗李世民的第 7 个儿子，父亲李休道是李世民的孙子。这样推算，李思顺是李世民没出五服的玄孙。李思顺于唐中宗神龙初年（公元 705 年）被封为赵王，加银青光禄大夫。公元 724 年正月，李思顺改封中山郡王、右领军将军。

中山王李业

昔见漳滨卧，
言将人事违。
今逢诞庆日，
犹谓学仙归。
棠棣花重满，
鸰原鸟再飞。

李业：忠孝仁爱，受唐玄宗赋诗赞赏的中山王

李业，原名李隆业，是唐睿宗李旦的第五个儿子，武则天的亲孙子，李隆基和他是叔伯兄弟。后来，唐玄宗李隆基称帝，为回避皇帝名讳，李隆业改名李业。

李唐王朝290年的历史，有近半个世纪是武则天导演的。唐高宗李治死后，儿子李显即位，武则天独揽朝政，皇帝更迭频繁。李业的职务也随着时局变来变去。公元684年，李业的父亲李旦第一次被母亲武则天推上皇位，取代了唐中宗李显。李业的哥哥李成器被立为太子，李业被封为惠宣太子。3年后，李业被封为赵王。公元693年，李旦将皇位让给母亲武则天。武则天大封武氏族人为官，摆开了武氏天下的阵容。但天下毕竟是李家天下，社稷是李家社稷，对李唐族人不能没有表示，武则天便将李业改封为中山郡王，又授都水使者。公元705年，唐中宗李显复位，加赐李业食邑200户，累计达到了500户。公元708年，唐中宗李显又授李业为银青光禄大夫、太仆少卿，兼陈州别驾。

公元710年，李显再次下台，李旦二次复位，晋封李业为薛王，加封邑1000户，拜秘书监，兼右羽林大将军，转宗正卿。

后来，唐玄宗李隆基脱颖而出，杀乱臣、诛悖逆，一心恢复李唐正统。李业追随李隆基平定乱局，立下汗马功劳。李隆基称帝后厚封李业，使其食邑增加到5000户，又拜李业为太保，累任历州刺史，同泾、豳、卫、虢等州刺史，后来迁升太子太保。

李业从小聪敏好学，知书达理，安分守己，以“品德高尚，忠孝仁爱”著称于世。他虽然生于宫廷争斗的纷乱时代，却并未受到任何冲击。李业历经七任五帝，每任皇帝都对他很宠信。

李业早年丧母，由姨母抚养长大，被李隆基封为太子太保后，他将姨母接入自己的外宅尽心侍奉，非常孝顺。李业的同母妹妹淮阳公主和凉国公主早年离世，李业便把她们的儿子接入自己的宅内精心抚养，关怀备至，甚至超过了自己的儿子。对于李业的忠孝仁爱，唐玄宗曾写诗作赋，

大加赞赏。公元 733 年，李隆基拜李业为丞相。

公元 734 年七月初十，李业病逝。唐玄宗李隆基悲痛得不能进食，加赠谥号“宣太子”，让他陪葬在父亲李旦的桥陵。

中山王李振

父拜太尉万人上，
子振封爵中山王。
虎踞龙蟠显赫位，
两代同朝辅盛唐。

李振：太平时代无故事

李振是李唐王朝第 12 任皇帝李诵的孙子。李振的父亲李纮，是李诵的第 17 个儿子。约公元 808 年，李振被封为中山郡王，生平事略无考。

中山王李琳

宫廷纷争势更残，
琳父蒙冤都城南。
幼小侥幸避灾祸，
位居高处不胜寒。

李琳：高处不胜寒的中山王

李琳是唐高宗李治四子李素节的儿子，李治是他的亲爷爷，武则天是他的庶祖母。到武则天称制时滥杀李唐宗亲，李素节遭到诬告，被缢死于都城南的龙门驿。李素节的儿子中有 9 个被杀，由于李琳和其他 4 个兄弟年岁太小，因此被发配到雷州关押。

唐中宗李显即位后，为李素节平反，李琳才被放出来。公元 715 年，李琳被封为越王，后改封中山郡王。

中山王查葛

契丹英俊，居官俭朴。
执法严明，功绩卓著。
军政吏畏，民之父母。
抗拒婚俗，终生鳏独。

查葛：终身未娶的“钻石王老五”

唐朝末年，有个叫阿保机的契丹人统一北方建立了辽国。查葛是辽国皇族，他和皇帝是本家一族。查葛在少年时期就气度非凡、才智过人，14岁时被封中山郡王，在辽国是三朝元老，他居官廉明、功勋卓著。

查葛在谈婚论嫁的年龄遭遇了空前的尴尬，事件的主角是一个16岁的小姑娘。她先嫁给了自己的亲舅舅，这个亲舅舅就是查葛的父亲。因此，小姑娘和查葛是舅表亲。后来小姑娘的亲舅舅死了，辽国皇帝命令查葛娶小姑娘为妻，这就等于娶自己的后妈兼表妹。这还不够乱吗？不够，因为还有一层关系，查葛的姥姥和小姑娘的母亲是同胞姐妹。这么一算，小姑娘又和查葛的母亲是姨表姐妹，查葛应该称小姑娘为表姨。如此一来，查葛是娶后妈、表妹和表姨。这样的婚姻不仅是近亲结婚，而且颠倒人伦。

之所以这么乱，是因为都由辽国皇帝一手包办，名曰“赐婚”。谁敢不听命令不服指挥？辽国皇帝昏了头吗？不是，这和契丹族婚姻嫁娶的风俗习惯和婚姻制度有关。当时，辽国契丹人还保留着原始氏族部落的“收继婚俗”：哥哥死了，弟弟可以娶嫂子为妻；父亲死了，儿子可以娶继母为妻。他们对近亲和辈分不太在乎。后来，随着民族的大融合、文化的大交汇，这种“婚俗”也就不复存在了。

但是查葛的汉化程度较早较深，他懂得纲常伦理，于是拒不从命，坚决抵制，以致终身未娶，做了一辈子光棍。

公元1062年，查葛染病去世，享年60岁。查葛死后，诏赠守太师，谥号“忠懿”。

明开国功臣徐达

力鼎幼年牧牛倌，
戎马倥偬争江山。
出将入相功盖世，
奠定明业三百年。
仿尚辅周八百载，
试于张良佐汉攀。
塞上长城献肝胆，
御封王爵三世传。

徐达：明朝的开国功臣

徐达（1332—1385），字天德，濠州钟离永丰乡（今安徽凤阳东北）人，元末著名军事家。

徐达出身于贫苦农民家庭，少有大志，喜读兵书，知《六韬》《三略》。他的身材魁梧，性格坚毅，遇事善动脑筋，稳重而有谋略，勇敢兼具智慧。在明太祖朱元璋削平割据群雄，推翻元朝统治，建立大明王朝的战争中，徐达长期担任最高军事统帅，屡次统率大军转战南北，身经百战，为朱元璋开创大明王朝立下了盖世奇功。

投奔义军　舍身救主

元朝末年政治黑暗，官吏腐败，民不聊生，义军四起，天下大乱。朱元璋便参加了以郭子兴为领袖的红巾军，很快被提拔为部将。1353 年六月，朱元璋奉郭子兴之命回到老家招募兵士。徐达和朱元璋是少年至交，两个人一起放过牛，听说朱元璋回来招兵，于是仗剑从戎。这一年，徐达 22 岁。

朱元璋有了徐达如虎添翼，两个人并肩作战，取得了许多胜利，攻克了不少地盘，徐达也因战功被提升为镇抚。

就在徐达被任命为镇抚之后不久，起义军中发生了一起非常重大的事件：原来与郭子兴同一时期的另一支农民起义领袖孙德崖因其部队缺粮，来到朱元璋刚刚攻取的和州（今安徽和县）请求资助粮食。孙德崖曾经和郭子兴有矛盾，朱元璋力挺郭子兴，因此遭到孙德崖记恨。如今跑来借粮，朱元璋放弃前嫌收留了他的部队，供给吃喝。可是，义军首领郭子兴对孙德崖仍然耿耿于怀，为此责怪朱元璋，并把孙德崖捉住扣留。孙德崖的部下误认为朱元璋收留他们是一场阴谋，要借机谋害孙德崖，于是不容分说冲进来便把朱元璋五花大绑，并扬言要杀掉朱元璋为主帅孙德崖报仇。徐达在城里听说朱元璋被孙德崖部下扣留，就毅然请求孙德崖的部下，要替代朱元璋做人质。后来经过多方调解，孙德崖和朱元璋都被对方释放，这场危机才算平息。在这次事变中，徐达不惜舍身相救，使朱元璋倍加感激，两个人的莫逆之交升级为生死之交。

渡江南下　因功拜将

1355年，红巾军领袖郭子兴染病而死，朱元璋成为这支起义军的实际首领。朱元璋感觉仅仅据有和州难以实现他的宏图大业，便打算渡过长江向南发展，但又苦于没有船只。正在朱元璋苦闷烦恼之际，巢湖水军头领赵普胜等率军归附。朱元璋大喜过望，对徐达等说：“方谋渡江，而巢湖水军来附，吾事济矣！”

1355年六月，朱元璋派徐达、常遇春挥师进发，一举攻克牛渚矶、采石矶。二矶一破，沿江一带元兵望风而降。徐达审时度势，打算趁势进攻周围州县，这与朱元璋的想法不谋而合。于是，朱元璋和徐达率军从采石矶附近向太平进发，经太平桥直抵城下，纵兵急攻，守城元军抵御不住，主将弃城而逃，其他将领率部出城投降。朱元璋占领了太平。

翌年三月，朱元璋亲率大军进攻集庆，徐达奉命为先锋，两人率水陆军士齐头并进，直逼江宁镇，攻破了敌人的营垒，元军主将率部投降，朱元璋得兵36000余人。十月，再攻集庆，大败元兵于南京钟山。元军守将督兵出城与徐达交战，被徐达击败。徐达乘胜攻破集庆，杀死守城主将，守军元帅率军民50余万归降。在渡江攻打采石、太平，进攻集庆的战役中，徐达作战勇敢、胆识过人，成为朱元璋手下最得力的战将。

统率东征　战功赫赫

占领南京后，朱元璋有了根据地，粮食问题也基本解决，但军事形势极为严峻，尤其东、南两方有多人据地扼守，屯兵甚重，虎视眈眈。为了摆脱军事上的不利境况，朱元璋任命徐达为大将军统兵东下，进攻东线门户镇江。不到两天，徐达就打败了镇江的守城元军，斩杀元军主要将领。徐达率军从仁和门入城，部队纪律严明、号令整肃，老百姓照常生活，就像没打过仗一样，军民之间十分融洽。附近的百姓长期遭受元军迫害，都盼着他们赶紧过来，也好翻身做主人。

镇江一役，徐达以战功升任统军元帅，留守镇江。他兢兢业业、恪尽职守，一方面安抚百姓，劝课农桑；另一方面分兵回击，攻下金坛、丹阳等地，使镇江这个最东边的前哨阵地得到巩固。

同年七月，朱元璋在南京设立了自己的行政机构和军事管理机构，自称“吴国公”，任命徐达为军事管理机构的统帅。当时，群雄四起，各自占地为王。其中，张士诚占据着江苏苏州、常州和浙江西部部分地区，不断引兵来犯镇江，均被徐达打退。徐达转守为攻，乘胜围打张士诚所占据的常州。但是，常州守敌据城固守，不肯投降，加上城内兵精粮足，徐达等人久攻不下。张士诚不断组织反扑，徐达处变不惊，沉着冷静，一次又一次地粉碎了张士诚的反扑。此时，朱元璋的手下大将常遇春、廖永安、胡大海正屯兵于城外 30 里处，徐达派人通知他们率部增援，打得张士诚的军队溃不成军，生擒敌将张德，残敌溃逃奔入城内。张士诚见常州危急，派其手下悍将吕珍夜间潜入城内，加强防守能力。徐达督军轮番猛攻，吕珍眼看士气低落，难以支撑，不得不丢弃常州，只身逃遁。1357 年三月，历时半年之久的常州攻坚战终于以徐达胜利宣告结束。接着，徐达乘胜移师进攻安徽宣城，得军士 10 余万人、战马 2000 匹，继而又攻打宜兴、常熟、靖江等地，宜兴到靖江一线尽为朱元璋所有。

经过两年多的浴血奋战，以南京为中心的朱元璋政权已经逐步稳定，大体控制了江苏、安徽南部和浙江西北部地区。徐达作为朱元璋手下的主力战将，立下了赫赫战功。

鏖战鄱阳湖　位授左相国

1363 年四月，盘踞在两湖地区的割据集团首领陈友谅“忿其疆土日蹙”，建造高达数丈的巨舰，纠集号称 60 万人的大军倾巢而出，进围南昌。七月初六，徐达遵照朱元璋的指令，回师救援南昌。朱元璋也亲率大军 20 万人进击陈友谅。陈友谅听说朱元璋亲率大军到来便放弃南昌，东出鄱阳湖迎战。这是一场关系到双方生死存亡的大决战，史称“鄱阳湖之战”。徐达作为主攻部队率军先行，首先与陈友谅相遇于江西南昌康山，两军依湖对阵。陈友谅的大军人多势众，舰船高大，气势汹汹。徐达毫无惧色，身先士卒冒死闯阵，部下将士大受鼓舞，无不以一当十，奋勇冲杀。徐达一举击败陈友谅的前锋，斩杀1500余人，缴获巨舰1艘，初战告捷。接着，徐达乘风发射火炮，焚毁敌船20余艘，烧死、溺死敌军无数。徐达在敌阵中奋力拼杀，连续酣战。

大火从敌船上烧到徐达的战船上，他一边指挥士兵扑火，一边继续战斗，越战越勇，并指挥战船在敌阵中步步推进。双方在康山鏖战了整整一天，鄱阳湖的湖水被血水染成了红色，天空也被炮火硝烟遮蔽得黯淡昏黑。军士们在徐达等勇将的率领下殊死搏杀，终于击退了陈友谅的进攻。此战，徐达首挫敌锋，壮大了全军声威，为朱元璋取得决战胜利奠定了基础。

当天晚上，朱元璋为防止东线张士诚利用鄱阳湖大战之机乘机入侵，命令徐达撤出战斗回守南京。徐达回到南京后严格训练部队，加强东线守备力量；缉查奸细，修缮城池。张士诚无机可乘，未敢贸然进犯。后来，朱元璋称赞徐达说："我让徐达回守南京最为放心，无论遇有什么问题，他都能妥善处理。"可见朱元璋对徐达是多么信任和欣赏。

鄱阳湖大战后，朱元璋还师南京，徐达等率军攻克庐州。不久，徐达奉命再返两湖前线，先后攻取两湖地区的7个郡县，彻底肃清了陈友谅的残余势力。在消灭陈友谅割据集团的战役中，徐达身经数十战，功勋卓著，为表彰徐达的功绩，朱元璋任命他为左相国，地位在众将之上。

讨伐张士诚　功封信国公

1365年十月，徐达等奉命率马、步、水三军水陆并进，攻取淮东、泰州等地。大军渡过长江，首克泰州海安坝（今江苏海安），进围泰州。经过一个多月的血战，终于攻克泰州。之后，徐达又攻下通州、兴化、濠州等地。徐达在这些战斗中师出迅捷，变化无穷，表现出卓越的军事指挥才能。

1366年八月十二日，朱元璋任命徐达为大将军，率军20万讨伐张士诚。徐达用反间计制胜，使张士诚的老巢平江完全陷入孤立局面。1367年九月，徐达亲率将士攻破葑门，大军一拥而上进入平江城内。张士诚亲自率兵进行巷战，但手下将士已无斗志，纷纷投降。张士诚见大势已去，纵火烧死妻儿，闭门上吊自杀，被其部将解救。徐达生俘张士诚，将其押送南京。破城之日，徐达严格约束部下，立下军令："掠民财者死，毁民居者死，离营二十里者死！”徐达率军入城，纪律严明，秋毫无犯，百姓称颂。朱元璋论功行赏，封徐达信国公，是此次封赏的最高爵位。

北伐灭元　辅朱建明

1367年十月二十一日，徐达被任命为征虏大将军，率师25万人由淮入河，北取中原。十二月攻克济南，收俘元军3855人、马429匹。在北伐军的节节胜利声中，朱元璋于第二年（1368年）正月在南京登基称帝，国号为大明，建元洪武。徐达被封为中书右丞相、兼太子少傅。

1368年闰七月二十八日，徐达率领明军攻陷通州，再克元大都（今北京），迫使元朝皇帝北逃大漠。

1369年二月，徐达统率大军攻取山西、秦陇。他在扫平山西、出师秦陇的作战过程中，抓住元军北出雁门关，进攻北平之机，乘虚直捣太原，一举平定山西。接着，抓住陕西元军将领遥巡观望，不敢主动出击的时机，直入奉元（今陕西西安），进逼临洮（今甘肃定西），围困庆阳，以摧枯拉朽之势占领陕西。至此，明朝北方的版图已经开拓到河南、山西、陕西、宁夏、甘肃。徐达在平定北方的历次战役中用兵如神、出奇制胜，表现出过人的胆略和指挥才能。

1370年三月，徐达征尘未洗，又受命为征虏大将军，征伐侵扰北方的元朝残余力量，迫使元朝残余势力向应昌、定西一线北撤。

1370年四月，元顺帝因痢疾死于应昌（今内蒙古达里诺尔西南），从此元朝灭亡。同年十一月，徐达等班师回朝，朱元璋亲自到龙江迎接北伐将士。随后，朱元璋大封功臣，封授徐达六七个重要职位，岁禄5000石，其中魏国公一爵子孙世袭。

古今世无双　追封中山王

1372年正月，徐达再次以征虏大将军的身份率军北征。这是一次大规模的军事行动，分兵三路，目的在于彻底消灭元朝残余势力，收复蒙古。但是，蒙古地广人稀，散兵游勇东躲西藏，目标难以确认，一时间无法彻底剿灭。于是，明朝对北方的战略转攻为守。从此，徐达用了10余年的时间在北平、山西一带训练兵士，修缮治理城池，加强守备，时时防备蒙古军队的侵扰，被誉为“塞上长城”。

朱元璋登基后，对功臣产生强烈的戒心，但徐达谨慎自持，忠心耿耿，恪守本分。史籍载有一则趣闻，发人深省。徐达的棋艺闻名天下。一日，朱元璋要求徐达拿出真本领和他对弈，徐达既不敢取胜，也不敢认输。这盘棋从早晨一直下到中午都未分出胜负，正当朱元璋连吃徐达两个棋子自鸣得意时，徐达却不再落子了。朱元璋得意地问道：“将军为何迟疑不前?”徐达扑通一声跪倒在地，答道：“请皇上细看全局。”朱元璋仔细一看，才发现棋盘上的棋子已经被徐达摆列成了“万岁”二字。朱元璋一高兴，便把下棋所在的楼宇连同莫愁湖花园一起赐给了徐达，那座楼便是后来的胜棋楼。徐达的聪慧机敏可见一斑。

1384年闰十月，徐达积劳成疾，一病不起。朱元璋遣使将徐达从北平召还南京。第二年二月二十日徐达病逝，时年54岁。朱元璋亲临治丧，悲痛不已。为了褒扬徐达的功勋，追封他为中山王，谥号“武宁”，赠他三世皆为王爵。徐达被葬于南京太平门外板仓村，至今其墓仍在，现为世界文化遗产、全国重点文物保护单位。其墓碑也是明朝诸功臣中最大的，碑文由朱元璋亲自撰写。朱元璋评价徐达：“破虏平蛮，功贯古今人第一；出将入相，才兼文武世无双。”

徐达死后，正史再无有关“中山王”的记载，但《明史·徐达传》中有“二月（1385年），病笃，遂卒年五十四。帝为辍朝，临丧悲恸不已，追封中山王，谥武宁，赠三世皆王爵”之载。

“徐达第三子徐膺绪墓志”中有“中山武宁王讳达之季子，仁孝皇后之弟也。高祖五四、曾祖四七、祖六四，以武宁王贵皆封中山王。高祖妣何氏、曾祖妣周氏、祖妣蔡氏、妣谢氏，皆封中山王夫人”之载。由此得知：徐达高祖五四、曾祖四七、祖六四，都曾被御封中山王。

关于徐达祖名有史载，由于徐达“家世业农”，故其祖、父皆以数目字为名，亦情理中事。庶民无职者，不许取名，只以行第及父母年齿合计为名。此于《元史》无证见在绍兴乡间，颇有以数目字为名者，如夫年二十四、妇年二十二，合为四十六，生子即名四六；夫年二十三、妇年二十二，合为四十五，生子或名为五九，五九四十五也。

中山王一览

朝代	姓名	生卒年	封王时间	最高爵位	备考
周中山	文　公	？—前 414 年	公元前 432 年	中山王	
	武　公	？—前 408 年	公元前 414 年	中山王	
	桓　公	？—前 353 年	公元前 381 年	中山王	
	成　王	公元前 370—前 328 年	公元前 353 年	中山王	
	嚳　王	公元前 344—前 308 年	公元前 328 年	中山王	
	𡖤盗王	？—前 296 年	公元前 308 年	中山王	
	胜　王		公元前 296 年	中山王	
魏中山	魏　击	公元前 432—前 370 年	公元前 406 年	魏武侯	
	魏　挚		公元前 403 年	中山王	
	魏　牟			中山王	
西汉	靖王刘胜	公元前 165—前 113 年	公元前 154 年	中山王	
	哀王刘昌	？—前 111 年	公元前 113 年	中山王	
	康王刘昆侈	？—前 89 年	公元前 111 年	中山王	
	顷王刘辅	？—前 87 年	公元前 89 年	中山王	
	宪王刘福	？—前 70 年	公元前 87 年	中山王	
	怀王刘修	？—前 55 年	公元前 70 年	中山王	
	哀王刘竟	？—前 35 年	公元前 46 年	中山王	
	孝王刘兴	公元前 42—前 8 年	公元前 23 年	中山王	
	刘　衎	公元前 8—5 年	公元前 8 年	汉平帝	
	刘成都		公元元年	中山王	
东汉	刘　茂		公元 25 年	中山王	

续表

朝代	姓名	生卒年	封王时间	最高爵位	备考
东汉	刘　辅		公元 41 年	中山王	
	简王刘焉	？—90 年	公元 54 年	中山王	
	夷王刘宪	？—120 年	公元 90 年	中山王	
	孝王刘弘	？—140 年	公元 120 年	中山王	
	穆王刘畅	？—174 年	公元 140 年	中山王	
	节王刘稚		公元 174 年	中山王	
魏	恭王曹衮	？—235 年	公元 232 年	中山王	
	曹　孚		公元 235 年	中山王	
晋	司马睦		公元 265 年	中山王	
	司马耽	？—292 年	公元 277 年	中山王	
	司马缉		公元 292 年	中山王	
十六国	刘　曜	？—328 年	公元 311 年	前赵王	
	刘　雅		公元 320 年	中山王	
	刘　岳	？—325 年	公元 323 年	中山王	
	石　虎	公元 296—349 年	公元 319 年	后赵王	
	慕容暐	公元 347—384 年	公元 354 年	前燕王	
	慕容冲	公元 359—386 年	公元 360 年	西燕王	
	闾大肥			中山王	
	闾　磷			中山王	
	闾　凤			中山王	
	元　纂	？—437 年	公元 426 年	中山王	
	元　长			中山王	
	元　辰	？—444 年		中山王	
	元托真	？—457 年	公元 450 年	中山王	

续表

朝代	姓名	生卒年	封王时间	最高爵位	备考
十六国	李　盖			中山王	
	王　睿	公元 432—480 年	公元 480 年	中山王	
	王　袭	公元 466—501 年	公元 480 年	中山王	
	元　英	？—510 年	公元 508 年	中山王	
	元　熙	？—529 年	公元 526 年	中山王	
	元　略			中山王	
	元叔仁	？—528 年		中山王	
	元　琳		公元 528 年	中山王	
	萧　嵱	公元 478—523 年		中山王	
	元善见	公元 524—551 年	公元 550 年	东魏皇帝	
唐	李仲良		公元 618 年后	中山王	
	李承乾	公元 619—645 年	公元 624 年	中山王	
	李尧臣		约公元 635 年	中山王	
	李思顺		公元 724 年	中山王	
	李　业	？—734 年	公元 687 年	中山王	
	李　振		约公元 808 年	中山王	
	李　琳			中山王	
辽	查　葛	？—1032 年	公元 1016 年	中山王	
明	徐　达	1332—1385 年	公元 1385 年	中山王	

第七辑　附录

1974 年 11 月至 1978 年 6 月，河北省文物管理处在平山县三汲村发现了中山国的最后一个都城——古灵寿城，并在城内外发掘墓葬 30 余座(包括一号、六号大墓，其中六号为中山王墓)、墓上建筑遗迹 2 处、车马坑 2 座、杂殉坑 1 座、葬船坑 1 座，出土各种文物达 1.9 万余件。大量的出土文物为 2000 多年后的现代人提供了一个了解中山国的好机会。史学界专家们潜心研究探讨，引起了国内外考古、历史、古文字学术界的极大重视，一向备受冷落的中山国史研究至此方活跃起来。许多专家、学者为了揭开“神秘王国”的面纱云集平山，展开了对于中山国史的研究，经过初期的资料分析和史实考证，从各个角度对中山国进行了研究，使中山这个“千古之谜”，尤其是桓公复国都城从顾迁至灵寿后的这段历史有了较确切的答案。为了使读者更好地洞悉鲜虞中山国的历史迹踪，故附录于此。

一、鲜虞中山国简史

中山国的前身是一个被统称为狄的氏族部落联盟，他们在公元前7世纪已经过渡到阶级社会，具备了产生国家的社会物质条件。商周原始社会时期，公元前774年，中山国的先祖狄、鲜虞就出现在中华民族文明史的史册记载之中，徙居在边远蛮荒地带，史称狄、北狄。《左传》载："晋居深山，戎、狄与之为邻，而远于王室。"当时的晋国居今晋南、汾水以东，可见狄族部落就生存、生活在秦、晋北部一带，以氏族部落的生活方式活动在中国北方的黄河以北地区。公元前6世纪中叶，已经联合组成了强大的狄族氏族部落联盟式的国家建制实体，史称北狄之国。从公元前664年晋、秦"韩之战"，公元前627年晋、狄"箕之役"，公元前597年晋、楚"邲之师"史籍记载的三大战役之后，狄的强盛已经胜过郑、宋等二等强国，位居四强之列。

春秋战国时期，这个具有强大实力的北狄国家同春秋五霸和战国七雄诸多华夏国家一样，角逐在我国的历史长河之中，曾于公元前662年东出太行山伐邢、公元前660年灭卫，迫使齐桓公遣齐相管仲联合宋、曹营救邢、卫，并不得不为二国迁都重新筑城安置；公元前652年伐晋于啮桑（今江苏沛州西南）；公元前650年南下灭掉了温；公元前646年侵郑；公元前644年侵晋，取狐厨、受铎，渡汾水及昆都；公元前642年五月，狄师出兵救与齐孝公争位的齐四公子；公元前636年郑扣留了周王室的使臣伯服及游孙伯，周襄王在困境中，诸多诸侯都不力或无暇救周勤王，周襄王请狄师伐郑，取栎。周襄王为感谢狄师救驾之功，取狄氏女隗氏为妻，并封为后。从此，狄与周王室联了姻，狄国取得了参政周室的大好机遇，成了春秋末战国初诸侯称雄争霸中一支不可忽视的力量。公元前628年"狄有乱"，北狄分裂为赤狄和白狄两支。赤狄主要活动在今山西长治以北一带，白狄主要活动在陕西西安至榆林一带。白狄后来迁徙到今河北境内，又陆续分裂成鲜虞、肥、鼓等不同支脉，以鲜虞为主组成部落联盟。

鲜虞始建国于春秋晚期（约公元前555年前后），建都于鲜虞城（今河北石家庄正定西北）。在以鲜虞为主的部落联盟中，肥氏居昔阳，鼓氏居下曲阳（今河北晋州市），仇由氏居今山西盂县。公元前530—前527年，晋国将军荀吴曾两次率军攻打鲜虞。公元前507年，鲜虞军大败晋军于平中，俘虏晋将观虎。

公元前506年，鲜虞在取得平中战役大捷之后，将都城由鲜虞城迁至河北唐县的中人城，因城中有山，故取名中山。

公元前505年，鲜虞军再次击败晋将士鞅之军。公元前494年，鲜虞军与齐、鲁、卫联合攻晋，夺取棘蒲。公元前492年，齐、卫两国攻戚，鲜虞军远涉数百里救援。公元前491年，鲜虞军与齐军联合帮助晋国的荀寅攻占柏人（今河北内丘县）。此后直至战国初年，鲜虞国一直是中国北方很有实力的强国。

鲜虞迁都中人城（今河北保定唐县西）后，遭到了晋国的进攻，被晋师一日攻下两城，国都中人城失守被晋军占领。后赵襄子乘晋国内讧控制了中山，魏国强大后迫使赵国瓜分中山。魏文侯十五年，即公元前432年，中山文公被立为中山国王。文公以黄帝后裔自居，改姓为姬，改国号为中山，立都于中人城。

中山文公在公元前414年前卒于中人城，儿子武公迁都于顾城（今河北定州），史称中山武公初立。中山武公约于公元前408年前卒，传位于儿子桓公。

公元前408年，魏文侯派将军乐羊领兵攻打中山国，3年而拔之，于公元前406年中山国亡。魏文侯封公子击（后为少子挚）守中山，使名士赵仓唐傅之。封乐羊为灵寿君以震慑之，并派李悝治理中山，建立了魏属中山国达25年之久。

周安王二十一年（公元前381年），中山桓公领导中山族人复国，击败魏国驻扎在中山国的军队，攻占顾城，魏中山君逃回魏国，桓公即位称王。

周安王二十五年（公元前377年），赵国出兵入侵中山国与中山战于房子。公元前376年，赵国又侵中山国，与中山战于中人。中山国打败了赵国的入侵，守住了固有的领土，取得了抗赵战争的胜利。

周烈王二年（公元前374年），中山军经过3年的休养生息迅速强大起来。桓公派大将乐池领兵反攻赵国，很快夺回了番吾、灵寿等城。

周烈王三年（公元前373年），中山国迁都灵寿，桓公拜大将乐池为相国。

周烈王七年（公元前 369 年），中山国为防赵国偷袭，在边境修筑长城。

周显王十六年（公元前 353 年），中山桓公卒，传位于儿子中山成王。成王即位后仍以乐池为将，司马赒为宫卫大臣。不久相国乐池去世，中山成王拜司马赒为相，并加封他为蓝诸君。司马赒成为中山国历史上一代名相。

周显王三十七年（公元前 332 年），中山成王乘齐、魏伐赵之机，攻赵引槐水围鄗邑。

周显王四十一年（公元前 328 年），中山成王卒，𰯼即位，称𰯼王元年。

周显王四十六年（公元前 323 年），魏国的犀首公孙衍倡议魏、韩、燕、赵、中山"五国相王"活动，中山君𰯼称王。

中山𰯼王十四年（公元前 315 年），中山𰯼王铸圆壶。

中山𰯼王十五年（公元前 314 年），中山𰯼王命相国司马赒率三军之众平燕内乱，辟启封疆数百里，取燕数十城，又命司马赒采燕吉金，铸鼎、方壶，献俘宗庙，祀天地祖先，并刻铭文于鼎、壶。

中山𰯼王十七年（公元前 312 年），相国司马赒病逝，其子司马憙袭爵蓝诸君之位，使得中山国的军事力量和经济实力大幅下降。

中山𰯼王二十年（公元前 308 年），中山𰯼王卒，𫦿𧊒即位。

从赵武灵王十九年（公元前 307 年）开始，赵武灵王连续出兵攻打中山国，中山国军力薄弱财力不足，被赵军打得节节败退，赵军连续攻下中山国数城，进军至房子。中山国损失惨重。

中山𰯼王认为司马憙之策误国遂将其罢免，并用伐燕所得的优质铜铸鼎、壶，亲撰铭文，使匠人刻于二器之壁。中山𰯼王深悔自己用人不当，给国家造成了重大损失，不久便大病不起，多方救治无效，至年底病逝于宫中。

中山𰯼王于公元前 307 年卒，传位于儿子中山𫦿𧊒王。𫦿𧊒王即位后连续遭到赵武灵王的出兵进犯。公元前 296 年赵军攻破中山国首都灵寿，中山𫦿𧊒王逃往齐国，不久病死在齐国首都临淄。

赵武灵王攻占灵寿后恐中山人不服，便立中山𫦿𧊒王的弟弟公子胜（尚）为王。公元前 295 年，赵武灵王将中山国王胜（尚）废为庶人，并使他及其宗人迁居于肤施（今陕西榆林东南），中山国消亡。

二、战国中山王墓及文物

1974年11月至1978年6月，河北省文物管理处在平山县三汲村发现了中山国的最后一个都城——古灵寿城，并在城内外发掘墓葬30余座，出土了大量文物，为史学界研究战国时期的中山国提供了有力的证据。

灵寿都城址

《史记·赵世家》载："中山武公居顾，桓公徙灵寿。"灵寿作为中山国第三个都城始于桓公在顾邑（今河北定州）复国之后于公元前378年迁徙之时，但早在春秋时期这里就是鲜虞族人的定居地，在这里发现了春秋至战国早期的墓葬。灵寿城的大规模营造年代应当是桓公复国之后，这里是中山国政治、军事、经济、文化中心，是太行山东麓的重要都市，作为中山国国都历时83年。

城址位置和环境——古灵寿城址在今平山县城北三汲乡东南，今灵寿县城西北约10公里处，坐落于滹沱河北岸的丘陵台地上。它以太行山脉为屏障，其南、西、北约5公里处均为太行山脉的群山，东临冀中大平原，北倚东陵山，南临滹沱河，城外东、西两侧为高坡。在东、西城垣外有源自陵山的自然河沟，自北而南弯弯曲曲与滹沱河相通，起到了护城的作用。城址南北4.5公里、东西4公里，地势北高南低，高差达40米。城址中部偏西处有一道纵贯南北的城墙，把城区分隔为东、西两城。城垣经2200多年的自然侵蚀和人为平整已无存。从残存的遗迹来看，城垣筑于断崖之上，沿河岸蜿蜒曲折。东、西两城共由7道城垣组成，均为夯土所筑，基宽34米，东、西城之间的南北隔墙宽25米。西城中部偏北处还有一道东西向的城墙，长1320米、基宽19米，这大约是为保护城内祖陵而设的一道陵墙。在城址外东面的高坡上还建有一座夯筑小城，东西约1400米、南北约1050米。小城西部中央存有一座夯筑土台，高约8.2米，长、宽各61米，台下西侧又存有南北长110米、宽70米的夯土遗迹，出土有板瓦、筒瓦、箭镞等遗物。这两处夯土遗址应为中山国城址以东的重要建筑遗迹。立足土台上，西可遥望城址内的黄山，东可瞭望开阔的平原，这个小城大约为城址东面的军事设防之地。总览整个城址是依自然地形而建，正如《管子·乘马》所说："凡立国都，非于大山之下，必于广川之上。高毋近旱，而水用足；下毋近水，而沟防省。因天材，就地利，故城郭布不必中规矩，道路不必中准绳。"

从城垣的遗迹来看，还有附属于城垣的"城堡"式建筑，如今已发现的有 9 处：第一处建于东城北墙西端，城堡向外突出约 150 米，宽 70 米，位于一个自然的小石丘上，高出城外地面 20 余米，恰处在东陵山和牛山之间的山口上，这个小城堡的西侧为北城垣门阙；第二处建于王陵区内西城垣中部，向外突出 40 米，宽约 50 米，垣基下用大石奠基，北侧为王陵区的西门阙；第三处建于西城垣南部，接近城垣西南角，此处河面较宽，宜停泊船只，约为城址外的河码头，其北 600 米为西城的西门阙，这个小城堡由于地势之故，是向城内侧凹的，南北 140 米、东西 90 米；第四处建于城垣南端的东南角上，南临滹沱河。这种属于城垣上的附属建筑，均与护城相关。在城址内发现有多处古道路遗迹，发现城垣门阙两处：一处在北城垣中部，东城西北角处；另一处在西城垣中部，通往门阙的古路宽约 11 米。

城区布局。根据城址遗迹判断，东城北部为宫殿建筑区，南部为手工业作坊区和居住区；西城北部为中山王墓区，南部为商业区、居住区和农业区。在城址西约 2 公里的西陵山南坡高地上，有封土高大的中山王陵墓。

城址内文化遗存。大型夯土建筑群遗址在东、西城内均有发现，东城北部残存的部分建筑遗址台地，南北 200 米、东西 150 米，仅为原面积的 1/5。遗址北部为北城垣，西部为黄山，南部有一条从西北流向东南的自然河沟，与其他遗址隔开。在该遗址内发现有夯筑墙基、柱基和多种纹饰的半瓦当、铜短剑、金银镶嵌饰件及陶质建筑饰件等，这里大约为中山王宫的宫殿区。在东城南部地表以下发现有大面积的夯土建筑遗址，与北部遗址同在南北中轴线上，这里有东西并列的 5 组大型建筑群，中间一组建筑群的南部有一夯筑土台遗迹，东西约 80 米、南北约 120 米，周围的建筑是以这座高台为中心的，这是一处错落有致、秩序井然的建筑群，在这里的出土有绳纹板瓦、筒瓦和空心砖等。

西城中部有两处建筑遗址，东西约 650 米、南北 350~800 米，在遗址地表下发现有多种纹饰瓦当、空心砖。值得注意的是，在这里还发现了仿东周王城的乳钉卷云纹半瓦当。在遗址中部有一条东西向宽 11 米的主干道，遗址以北为手工业作坊区。这两处遗址所在地似为城内的中心活动区。在手工业作坊区发现有制陶、铸铜、制石、制玉、制骨、冶铁等作坊遗址。

对从城址内采集到的遗物进行分析，这里有春秋时期的乳头足粗绳纹灰陶鬲、细绳纹窄沿灰陶盒、黑色折肩陶尊等。这表明早在灵寿建都之前，这里就有人长期居住。战国时期的常见遗物众多，如盆、罐、豆、空心砖、板瓦、筒瓦等，与灵寿城址的年代相当。

中山王陵墓

墓地布局和墓上建筑。中山王陵墓已发现两处：一处在灵寿故城以西 2 公里处，东西并列两座大墓，西侧的 1 号墓已经发掘，确认是中山王嚳的墓；另一处在城内西北部，南北错列 3 座大墓，已发掘的 6 号墓在最南端，墓主人身份未能确定，墓中出土升鼎 9 件，根据当时王用九鼎的制度，6 号墓主人应是王的身份。1 号墓和 6 号墓的上部都有夯筑的高大封土，其上再建“享堂”。1 号墓的封土和享堂保存较好，封土东西宽 92 米、南北长 110 米、高约 15 米，自下而上呈三级台阶状，第一级内侧有宽 1 米许的砾石散水，第二级有壁柱和柱础等遗迹，顶部的第三级则有叠压成鱼鳞状的瓦片堆积，可复原为一座周绕回廊、上覆瓦顶的三层台 A 式建筑。两墓周边还有陪葬墓和车马坑。1 号墓封土范围东西两侧各有陪葬墓两座，封土南面有东西对称的长方形车马坑两座，在车马坑西侧还有杂殉坑和葬船坑。6 号墓的陪葬坑是东侧两个、西侧一个，南面也有两个对称的长方形坑但未启，可能也是车马坑。据《礼记 · 曲礼下》“天子有后，有夫人，有世妇，有嫔，有妻，有妾”的记载，这些陪葬墓应是主墓墓主人的世妇、嫔、妻、妾之属。从墓葬形制看，两座大墓的墓室结构基本一致。墓室为“中”字形，墓壁抹草泥并用白粉涂饰。有方形椁室和南、北两条墓道。其中，1 号墓全长 110 米，椁室南北长 14.9 米、东西宽 13.5 米、深 8.2 米，石砌椁壁，厚约 2 米。6 号墓规模略小。

珍贵文物

中山王墓出土文物众多且极为珍贵，随葬品主要发现于椁室两侧的藏器坑中。1 号墓的西藏器坑出土的铜礼器有 9 鼎及鬲、豆、壶等，陶礼器有 5 鼎及豆、壶、盘等，乐器有 14 件编钟和 13 件编磬。东藏器坑也出土 5 鼎及壶、盘等铜礼器，还有帐构、漆器和少量陶器。6 号墓的西藏器坑中全部放铜礼器，东藏器坑出土有陶礼器、漆器和帐构等。1 号墓的两个车马坑都埋有 12 匹马，一坑有车 4 辆，另一坑车迹已毁。船坑残存 3 只大船、2 只小船。杂殉坑发现有马、羊、狗的骨架。6 号墓随葬坑尚未发掘。

两墓随葬品达 19000 余件。其中，1 号墓出土的中山王譽鼎、壶和嗣子姧盗壶，刻有长篇铭文 1101 字，不仅确切表明墓主为中山王譽，而且证明中山王的世系及有关史实，是研究中山国历史的重要史料。铭文提到公元前 316 年燕王哙让位于相邦子之的事件，而公元前 296 年赵即破中山，中山君（大约是 ）逃亡到齐，故该墓的年代可定为公元前 310 年左右。两墓均葬有巨大山字形铜器，1 号墓 5 件，高 1. 19 米；6 号墓所出 6 件高为 1. 43 米。銎内有木炭，大约是被置于悬挂旗类的杆柱顶端所致，作为王权的象征，属仪仗类器物，该器物的造型恰好是中山国的象征。有些器物制作极为精巧，是艺术珍品。如虎噬鹿器，长 51 厘米、高 22. 5 厘米，虎口咬住一鹿，把虎的凶猛和小鹿挣扎的形象表现得栩栩如生，虎的前爪由于抓鹿而悬空，为了保持虎身的平衡，又利用鹿腿支撑，造型生动，设计精巧。金银镶嵌龙凤形铜方案，器足以 4 只伏卧的小鹿承托一圆圈，其上是盘绕成半球形的四龙四凤，龙顶斗拱上承一方案。九鹿表情温顺，九龙姿态雄健，四凤展翅引颈长鸣，表现了巧妙的工艺构思。15 连盏铜灯，形似落叶后树的干枝，树上攀缘着嬉戏的群猴，树下有身着短裳的两人仰面做抛食引猴状。银首人涌铜灯高 66. 4 厘米，造型为一身穿绣袍的男子，虎噬鹿、错金银犀屏风座、错银双翼铜神兽等的形象生动传神，刻画栩栩如生，具有无穷的想象力，体现了刚健的北方少数民族之风。精美的错金银四龙四凤铜方案构思巧妙，结构复杂而严密，将飞舞的神龙、长鸣的彩凤和温驯的卧鹿构于一体，充满艺术的美感，令人不由得叹服！中山国出土的一批陶器，如神兽、双翼神兽、鸟柱盆、筒形器、附细孔流鼎及各种玉饰等采用磨光压划技术，造型优美，花纹典雅、逼真，乌黑发亮，绚丽多彩，都是艺术珍品，正如史书所载“中山多美物”。这批珍贵文物是战国时期高超制陶工艺的代表作，也是研究战国时期我国北方陶器的重要资料，具有极高的历史价值和艺术价值，显示了工匠的艺术才华和制造才能，让我们在领略北方少数民族特色文化与中原文化艺术充分融合的历史轨迹的同时，也为2000多年前我国古人曾经创造的灿烂文明而自豪！

中山三器

中山王墓出土的许多珍贵历史文物中，最具有历史价值的就是“中山三器”，即中山王兽方壶、中山王兽鼎、中山太子好蚉圆壶。三器铸于中山兽王去世前后。

1. 中山王兽方壶

中山王兽方壶

中山王兽方壶通高63厘米、直径35厘米，四壁刻有铭文450字。其上俑人左手握螭蛇连接的两层灯盘，右手高举螭蛇连接的另一个灯盘，巧妙地借俑人左右手把高低错落的灯盘连接起来，以利各灯火点的错落摆布，有利于光照生辉无影。一组动物形器物的出土，如错金银铜铭文主要是颂扬中山君先祖、先王的功德及相国司马赒的功绩，警醒太子好蚉效法先王重用贤臣，以仁德治国。铭文中有“朕皇祖文、武、桓祖、成考”的记载，清楚地列出了中山国君王的世系：中山文公、中山武公、中山桓王、中山成王、中山兽王、中山好蚉王、中山尚（胜）王。（前一位王为追谥，后两位王为增补。）

中山王兽方壶铭文全文译注如下。

中山兽王十四年，中山王姬兽命相国司马赒领兵讨伐燕国，将所掠之金（铜）熔制成彝壶，按照礼制和法度，用来祭祀上帝和先王，以虔诚敬仰的心情，恭恭敬敬、诚惶诚恐地告知于天地神灵，记载祖宗的美德，以张扬先王的功业；以燕国灭亡的实例，警醒后世诸王。朕的先祖文公、武公和祖父桓王、父亲成王，都给我们留下了高尚的美德和治国的遗训，以教育后代子孙，这是很值得朕效仿的。慈、孝、宽、惠，举贤使能！上天不负祖宗所愿，赐贤相司马赒来辅佐朕。朕知道他是忠信之士，便任用他为相国。朕在游闲和饮食的时候，常常会想起先王创业的艰辛，因此时时警醒自己，时刻不忘治理好国家和人民。

司马赒竭志尽忠，以执掌国家的发展和建设，对君王没有二心。他自出任相国以来，日夜操劳，为国家选贤任能，以使国家兴旺。时有燕国国君哙，不顾国家利益、不与诸侯来往、不循祖宗章法，搞君臣易位，结果对内断送了先祖召公创下的大业，冷落了先君的祭祀，对外则上不能入朝祭祀周天子之庙，下不能与诸侯称兄论弟。正所谓上逆于天，下不顺民，寡人对此很是痛心。

司马赒说："身为国君反而拜臣子为君，这是世间最大的耻辱，这样的国君与我们的大王同起同坐，臣实在看不下去！臣愿带领将士穿上盔甲，拿起刀枪，去征讨不义之邦！"

"燕国的故君姬哙和新君子之，他们不守礼法、不顾顺逆，故而国亡身死，各诸侯国竟没有一人去救援。我们当时出兵的意愿是想帮助燕国纠正错误，以恢复君臣之位，明确上下之礼。虽然没有成功，却为我们的国家创造了扩土封疆的利益，因此得到了周天子的奖赏和诸侯的祝贺。"

"古代圣明的君王，都希望得到贤臣和良民！因此，君王尊重礼法才会有贤臣到来；用廉洁贤明的大臣治国，百姓才能依附。"

这些金玉良言，朕命人将其刻在壶上，留给世人观之；并郑重地告知后世子孙，逆天行事必定招来祸患，顺应天命才能得到幸福。要把它抄录在简册上，用来警诫后代君王，对百姓施以德政，有爱心、有仁德才能江山永固。子子孙孙要永远记住，才能保证我们的国家千秋永在、万古长存。

2. 中山王𰯼鼎

中山王𰯼鼎通高 51.5 厘米，最大直径 65.8 厘米，为铜铁合铸而成，鼎壁刻有铭文 469 字，主要记载中山相司马赒讨伐燕国之事。这段铭文使我们知道，在燕国内乱时期，中山国曾派相国司马赒领兵伐燕，攻取了燕国数十座城和数百里土地。

中山王嚳鼎铭文全文译注如下。

中山嚳王十四年，中山王姬嚳命人制作大鼎，准备在鼎上刻写铭文，以警醒后人。

中山王嚳鼎

寡人以为，与其盲目地听从别人，不如冷静地自己拿主意。当年燕君姬哙那样有智慧的君王，因为受世俗所掩盖，身为宗族之长最有资格管理国中万事万物，却受相国子之等人的迷惑，使国家灭亡，终为天下人所不齿。大国君王尚且如此，更何况朕这小国之君呢？

当年，朕的父亲过早地离开了人世，寡人那时年纪还小，什么都不懂，一切事情都依赖老师和母亲。是上天赐福于朕的国家，赐给朕忠臣司马赒。他为了国家废寝忘食、呕心沥血，上敬天神、下顺民意，全身心地辅佐寡人。他肩负着治国的重任，团结群臣和百姓共同为国尽力。他不辞辛苦，常常到深夜还在以许多圣贤的道理来辅导寡人。

寡人知道，想让弱小的人得到成长，使愚昧的人得到智慧，说起来容易，做起来很难。如果不是忠心耿耿的人，有谁能这样做呢？只有司马赒才能做到这一点。荣幸啊，这是上天成就我们的国家！因此，寡人才委任司马赒为相国。如今司马赒已经不在了，寡人对国家的前途充满忧虑。

当年，朕的祖父桓王和父亲成王，他们勤于朝政，事必亲躬，亲自到四方考察民情和百姓的生活状况。今朝，朕的相国司马赒亲自带领着中山国的将士，去征讨君臣颠倒不讲道义的燕国，敲响了出征的战鼓。将士们勇敢地冲锋，攻占了数百里土地，夺取了数十座城池，击败了号称“万乘之国”的燕邦。寡人为了表彰他的功绩，嘉奖他所做的贡献，特此敕命司马氏及其后人，即使犯有死罪，三代之内也可以赦免，以此彰显美德，奖励功臣。相国司马赒日夜操劳，辛勤理政，他是中山国的顶梁柱。那时寡人很担心，如果有一天他不在了，中山国将会像大地失去阳光一样可怕。所以，寡人特做批示，相国即使犯了死罪也可以赦免，因为他的功业是巨大的，他应该有享受特赦的权利。可悲啊，现在我们只能在此纪念他，希望后人永远记住他，像他那样为国家尽忠，为君王效力。

当年，吴国人击败越国，越国人忍辱负重，经过五年的准备，反而灭掉了吴国。前车可鉴，中山国的后人应该吸取历史的教训。你们不要因为自身强大了就目中无人，也不要因为家庭富裕了就奢侈腐化，更不要因为人多势众就肆意喧哗！比邻的赵国像豺狼一样在注视着我们，与我们交好的齐国却在很远的地方。警惕啊，后世子孙，要保护好祖宗的基业，不要让异族取代我们的国家。

3. 中山太子𧊒䖝圆壶

中山太子𧊒䖝圆壶通高 44.5 厘米、腹径 32 厘米，壶壁刻有太子𧊒䖝为悼念父王所作的悼词 182 字，是研究中山王譻的重要史料。

中山太子𧊒䖝圆壶

中山太子𧊒䖝圆壶全文译注如下。

朕是先王的嫡子，名叫姬𧊒䖝，在此刻铸铭文以扬先祖美德。当年先王喜欢读书，珍藏了万卷书简。为避免亡国之危，他日夜苦读，从中寻求安邦治国之道。废除残酷的刑罚，辨别冤狱，不让那些可怜的百姓无辜地死去。又得贤臣司马赒辅佐，成为中山国的新一任相国。时逢燕王无道，将王位让与大臣子之，自居臣位。这种虚伪的离经叛道的做法引起各国的反对，纷纷谴责。因此，先王命司马赒领兵征讨燕国，扩大了中山国的疆域达数百里。

谁扩展了国家的领土？只有朕的先王。当朕在新开辟的土地上行围打猎时，有一种非常美好的心情。纵马在山野里驰骋，马蹄敲击地面弹出醉人的音符，野兔、麋鹿在勇士们的攻击下束手就擒，用新鲜的野味祭祀先王，让先王的德行永垂千古。

悲痛啊，先王就这样离开了我们，让我们长久地痛哭流涕，再也感受不到往日的快乐和欢欣。朕在新开辟的土地上再为先王立一座新庙，让世世代代在这里祭祀先王，子子孙孙都要孝敬祖先，要把对先人的敬祀永远承继下去。

王墓兆域图

中山王𰯼墓出土了一块金银错“兆域图”铜版，是一幅为建筑中山王和王后陵墓群而做的总体规划设计平面图。“兆域图”长 94 厘米、宽 48 厘米，大约是按 1/500 的比例绘制的，重 31.2 公斤。墓主人中山王𰯼的埋葬时间在公元前 310 年左右。图版的中心部分东西方向排置 3 个各“方二百尺”的大“堂”，中间为“王堂”、西为“王后堂”、东为“哀后堂”。东端和西端各有一个“方百五十尺”的小“堂”。大堂之间相隔百尺，小堂距大堂 80 尺。“丘足”（墓坡的坡足）与大堂之间的“丘平者五十尺，其坡五十尺”。丘足之外的长方形“内宫垣”将各“堂”围起。“内宫垣”北外侧东西方向排置 4 个各“方百尺”的“宫”，宫门南开朝向内宫的墓“堂”。宫外的长方形“中宫垣”将整个墓群围起。与实际墓地相对照，可知图的方位是“上南下北”。

兆域图

中山王墓兆域图，一面是图，另一面是铺首。图中附有中山王𰯼修建王陵的诏令。此诏令使我们得知，司马赒原为宫卫大臣，后来才升任相国。“兆域图”是迄今我国最早的一幅建筑组群设计规划图。中山王兆域图铜版具有极高的科学性，是目前世界上最早的有比例的建筑构图。史料证明，春秋战国时期，我国地图的使用不仅已经很普遍，而且地图的测绘已达到一定的水平。

铜质国徽

在中山故都出土的文物中，有许多“山”字形的铜器，大者高达1.43米。铜器的样子很奇怪，“山”字形中的3个竖都是贯通的，中间一竖与基座连接，左、右两竖在横下向内各有一个“回”字形。这些铜器到底是干什么用的，因为史无记载，所以无从可知。专家们初步分析认为，这些“山”字形青铜器很可能就是中山国的标志，也就是我们现在所说的国徽。因为中山人十分重视这个“山”字，不仅有专门的“山”字形铜器，就连建筑物的顶部用的都是“山”字形脊瓦。我们认为它是中山国的“国徽”主要有三点依据。首先，它的外形酷似中山国的都城，“山”字形中间一竖略高，代表城中有山，山高于城，这是早期中山王城（中人城）最显著的特点。其次，“山”字形的横竖结构代表着中山王城的布局。王都分为东、西两城，东、西两城又各分南、北两个部分。“山”字形底部左右各有一个“回”字形，正是中山王城城区的平面图。标志的方位恰好与现代相反，是“上南下北，左东右西”。横下左侧代表东城北部的王宫区，右侧代表西城北部的王陵区。横上左侧代表东城南部的上等民居和手工业作坊区，右侧代表西城南部的下等民居和商业及农产品贸易区。最后，“国徽”整体豪迈雄壮，象征中山国强盛时的挺拔屹立，岿然不倒，大有争雄于世的气势。中山国的“国徽”看似简

“国徽”图

单，实则寓意深刻，显示出创作者的睿智。2300年前的一个千乘之国，竟然能设计出有如此深刻内涵的“国徽”，实在令人叹为观止。可见，当时的中山国不仅在经济和军事上很强大，在政治和文化领域也相当进步。中山国的统治者思想解放，敢想敢做，所设计的“国徽”可谓战国时期的独创。可惜中山国被赵国灭亡后，这一先进文化并没有被继承下来。中山国的“国徽”伴随着君王一直被深埋在地下，直到20世纪80年代，这些“国徽”才重见天日。不仅中山国的“国徽”体现出了北方人的豪迈，就连中山王族室内的帐架和帐内所使用的器物也都留有北方民族的一些特点。中山文化是传统的中原文化和粗犷豪放的北方文化的融合体，这种融合对提高中华民族的整体素质大有裨益。

十五连盏铜灯

中山王墓出土的十五连盏铜灯，高达84.5厘米，形似大树，有15个枝杈，枝上群猴嬉戏，枝端托出15个灯盏，灯座上有2人抛食逗猴。在结构上，主干由8节组成，有榫卯，拆装方便，是一具组合式的华灯（与此灯同出的还有一盏银首人俑铜灯。人俑身穿绣袍，左手提2蛇，盘连2灯盏。右手高举1蛇，其顶连1灯盏。这只战国时期中山国的银首人俑铜灯中的人俑两手所捉之蛇，实为《西京杂记》所谓之蟠螭）。此灯灯座呈平面圆形，由3只双身虎承驮，座盘为3条呈“S”形的镂空夔龙，上立有形态相同的2人。灯座中心接插7节灯架，每节灯架中间有上下插接的圆形灯柱，灯架呈扭弓形，灯枝顶置浅盏，共15只，除最上一节托3只灯盏外，其余皆托2只。架枝上饰有鸟、猿、夔龙。全灯如同茂盛的大树，树上鸟鸣枝头，群猿玩耍，顶部有夔龙游弋，树下立有家奴2人，上身袒露，下着短裳，向上抛食戏猿。底座边立面上刻有铭文24字：“十祀，左车，啬

十五连盏铜灯

夫事斅，工弧，冢一石三百五十五刀之冢，右辔者。”此灯构思奇特，造型新颖，场面生动、活泼，工艺巧夺天工，令人赏心悦目，在国内十分罕见，故被定为国宝级文物。

三、中山是艺术之国

中山国有着光辉的文化和灿烂的艺术。郭沫若先生说："中山是个艺术的民族。"《盐铁论·刺权篇》载：当时在富商大贾的家中，"中山素女，抚流徵于堂上，鸣鼓巴俞，交作于堂下"。也就是说，中山的美女在堂上抚琴弹唱，巴俞鼓手在堂下敲打。不仅上层社会有喜好欣赏歌舞的习惯，就是一般百姓也是"田畴不修，男女矜饰，家无斗筲，鸣琴在室"。《史记·货殖列传》载，中山"女子则鼓鸣瑟，跕屣（diǎn xǐ），游媚富贵，入后宫，徧（biàn，同遍）诸侯"。从这段记载可以看到，当年中山国的女子有节奏地击打着鼓，弹着有节奏的琴乐，踮起脚尖起舞，供富贵人家玩乐，还到皇家后宫为王侯和后妃表演，唱遍了民间、皇室和各诸侯国。可见，弹琴鼓瑟、喜好歌舞，在中山地区不仅有着历史传统，而且有着广泛的群众基础。早在战国时期，中山国就拥有了自己独特的文化。中山人是华夏五千年文化艺术的传播者和开创者。

被誉为西汉"乐坛领袖"的李延年，就是中山人。他出身于歌舞艺人世家，能歌善舞，以一曲《北方有佳人》为汉武帝所喜欢，为其妹入宫提供了契机，其妹入宫后为李夫人。《中国全史》载："他利用张骞从西域带回的横吹曲《摩诃兜勒》编成28首'新声'，是我国历史上最明确的标有作者姓名和乐曲曲名，用外来音乐进行加工创作的事例。"《汉书》的作者班固称："是以兴造功业，制度遗文，后世莫及。"《中国古代史》载："李延年汉代的乐府民歌，是我国文学宝库中极有价值的遗产。汉武帝以李延年为协律都尉，编制庙堂歌，后来就称为乐府诗或乐府。这一部分乐府，是两汉诗歌的最大成就。"

中山靖王刘胜，为王一生"乐酒好内"。他的处世观在《汉书·景十三王传》中，有说他"常与赵王彭祖相非曰：'兄为王，专代吏治事。王者当日听音乐，御声色。'"。国王整日以"听音乐，御声色"而度世，当时中山国文化艺术的普遍性可想而知。"诗仙"李白的《中山孺子妾歌》虽反映的是中山宫中嫔妃的宠辱命运与不由自主，但也反映出中山靖王刘胜的孺子妾们，"虽然不如延年妹，亦是当时绝世人"，个个都是美貌绝伦、能歌善舞、“花艳惊上春”的绝世佳人。

西晋将领、著名诗人、中山魏昌（今河北定州邢邑）人刘琨与祖逖有“闻鸡起舞”“枕戈待旦”“先我着鞭”等成语，成为激励后人奋进的名言。由于刘琨精通音律，他在晋阳守城时曾利用“吹奏胡笳”涣散敌营军心，退走敌军。成语“越石胡笳”象征爱国抗敌之精神，后人多有效仿，成了音乐艺术在作战史上的佳话。

汉末魏初中山人文学家李康所著《游山九吟》《运命论》，深受魏明帝曹叡的赞赏。文中“木秀于林，风必摧之；堆出于岸，流必湍之；行高于人，众必非之”作为千古佳句流传至今。

隋唐是定州才子辈出的盛世，故有“北方才子出定州”之誉，也是中山人创造文化艺术精品的重要历史时期之一。在唐代，定州不仅有三名（崔液、崔元翰、崔曙）状元荣登皇榜，而且崔元翰是中国历史上首名三元状元。他先后考中京兆府解头（解元）、进士状头（状元）、博学宏词科敕头、制科三等敕头，号称“崔四头”。唐代“大历十才子”之一的郎士元，诗风娴雅，为世所称。《全唐诗》录存其诗 70 余首，编为一卷。唐博陵（今河北定州）诗人崔兴宗早年隐居终南山，与王维、卢象、裴迪等游览赋诗，常以“琴酒自娱”，所赋《青雀歌》等诗共 5 首被《全唐诗》录存。唐博陵人表演艺术先驱崔令钦，所著《教坊记》（教坊是从唐代开始设置的管理宫廷音乐的官署）是研究唐代音乐、诗歌、舞蹈、戏曲、杂记表演的真实而重要的资料，是唐歌舞的集大成之作。直到现代，它仍是我国音乐舞蹈史上一颗璀璨的明珠。唐博陵人崔护所题《题都城南庄》：“去年今日此门中，人面桃花相映红。人面不知何处去，桃花依旧笑春风。”被文艺界搬上舞台，成为世人喜闻乐见的精品，流传千古。唐代杰出诗人刘禹锡，被白居易称为“诗豪”。他的《陋室铭》“山不在高，有仙则名，水不在深，有龙则灵……”被称为“千古绝唱”。楹联“沉舟侧畔千帆过，病树前头万木春”，诗句“莫道桑榆晚，为霞尚满天”被世人称为“喻世名言”。

元杰出戏曲作家王实甫，出生、成名于中山府。他创作的杂剧，今知的有 14 种，现存《西厢记》《破窑记》《丽春堂》3 种。明初作曲家贾仲明称颂《西厢记》：“新杂剧，旧传奇，天下奇魁。”可以说，“南有梁山伯与祝英台，北有崔莺莺和张生”。

定州是我国秧歌的发祥地之一。北宋诗豪苏东坡知定州时创编的“稻秧歌”已成为一个地方剧种。中华人民共和国成立初，“定县秧歌”是村村有戏台，人人皆能唱。大街小巷、田间地头，到处都能听到悲壮悠荡的秧歌声。如今的“定州秧歌”和“子位吹歌”“道教音乐”已被定为国家级和省级非物质文化遗产。

抗日战争时期著名的音乐家张寒晖，以“定州秧歌”的悲壮曲调，谱写了革命歌曲《松花江上》，传承了晋刘琨“越石胡笳”退兵的妙计，激励着人们的爱国热情。这首歌曲受到了敬爱的周恩来总理的肯定和赞赏。在由他主持编导的大型音乐舞蹈史诗《东方红》中，有张寒晖词曲的两首歌曲：《松花江上》和《军民大生产》。它们在抗日战争中发挥了巨大作用，被永远载入了人民音乐的史册。

忆古往，中山艺术光辉灿烂；看今朝，中山艺术异彩绽放。当今的定州大地到处是莺歌燕舞，在公园、广场及各居民小区活动场地，到处都能看到身着各色彩装，参加秧歌、锣鼓、健身球、瑜伽等活动的老年朋友，他们一边锻炼，一边展示着健身文化艺术。如今的中山定州人坚定文化自信，以实际行动践行和传承着“中山是艺术之国”的优秀历史传统。

四、中山国酒酒之鼻祖

张继宗

中山国的酒自古就享有盛誉，史料有载的酿酒名称有“旨酒”“清酒”“中山冬酿”“千日酒”“千日醉”“千酒”“醇酎”“醇酎千日”“春酒”“中山松醪酒”等，古人统称“中山酒”。1974 年，河北省平山县中山譽王墓出土了我国乃至世界上最早的实物酒，为研究中山国源远流长的酒文化提供了翔实的力证。

中山“千日酒”

《辞海》载：“‘千日酒’，是传说中一种极烈的白酒，饮后能使人久醉不醒。”历史文献证明，古代中山国有一个叫狄希的人，酿出了闻名遐迩的“千日酒”。刘玄石饮后一醉千日，经博学多识的西晋宰相张华在被后人称为“中国第一部百科全书”的《博物志》中记载，使得“中山千日酒”声名远播。到了宋代大学士苏东坡知定州时，酿造了“中山松醪”酒，使中山国的酒文化更加绚丽多彩。

《博物志》载：昔有人名玄石，从中山酒家沽酒。酒家与“千日酒”，忘语其节。至家醉卧，不醒数日。家人不知，以为死也，具棺殓葬之。酒家至千日，乃忆玄石前来沽酒，醉当醒矣。遂往玄石家而问之，云：“石亡已三年，今服阕矣。”于是与家人至玄石墓，掘冢开视，玄始醒，起于棺中。《博物志》的作者张华生于公元 232 年，死于公元 300 年，至今已有 1800 余年。他记载中山“千日酒”的生产时间，称为“昔”，可见中山“千日酒”的渊源多么悠久！

晋干宝《搜神记》载：狄希，中山人也。能造“千日酒”，饮之，千日醉；时有州人姓刘，名玄石，好饮酒，往求之。希曰：“我酒发来未定，不敢饮君。”石曰：“纵未熟，且与一杯，得否？”希闻此语，不免饮之。复索，曰：“美哉！可更与之。”希曰：“且归。别日当来。只此一杯，可眠千日也。”石别，似有怍色。至家，醉死。家人不之疑，哭而葬之。经三年，希曰：“玄石必应酒醒，宜往问之。”既往石家，语曰：“石在家否？”家人皆怪之，曰：“玄石亡来，服以阕矣。”希惊曰：“酒之美矣，而致醉眠千日，今合醒矣。”乃命其家人凿冢、破棺，看之。冢上汗气彻天。遂命发冢，方见开目张口，引声而言：“快哉，醉我也。”因问希曰：“尔作何物也？昔我一杯大醉，今日方醒，日高几许？”墓上人皆笑之，被石酒气冲入鼻中，亦各醉卧三月。

这两篇古文大同小异，后者补述了六点：一是交代了酒家的名字叫狄希；二是狄希是中山人；三是狄希能造“千日酒”；四是饮酒者玄石姓刘；五是玄石饮一杯酒后复索再饮，狄希只让其饮了一杯，还告诉了玄石“只此一杯，可眠千日也”；六是玄石醉三年醒来后酒气仍能冲入围观者鼻中，竟使围观者醉卧了 3 个月，描述了酒气醉人的幽默情景。《博物志》出现在先，《搜神记》出现在后，因此很容易给人造成这样的印象，后者是由前者而来，是对前者的完善和修饰。从基本人物和情节来看，不是没有这种可能，但细品其节，也不能排除另一种可能，两者都是从民间采集到的，而且此种可能性更大。晋干宝《搜神记序》在谈到其材料来源时说：“考先志于载籍，收遗逸于当时。”这也是魏晋时期其他志怪小说创作的实际情况。很明显，小说创作“采访近世之事”肯定是其重要的途径。就“千日酒”故事而言，上面所引两种版本极有可能出自民间，都是“收遗逸于当时”的产物。从“千日酒”小说的记述来看，“千日酒”的故事起源地在“中山”，相当于今河北中部地区定州市、唐县一带。据《史记·赵世家》载，春秋时乃少数民族白狄别种鲜虞所居之地，战国时属狄族所建中山国，被赵武灵王所灭。据《汉书·地理志下二》载，汉代在这一地区置有郡国，延称中山，辖境略小于战国中山之地。西晋张华是范阳方城（今河北固安）人，家居中山附近，“收遗逸于当时”应在情理之中。

“酒之鼻祖”　传遍华夏

说“中山酒”是“酒之鼻祖”，史载有据，实物有证。中国历史上最早的“酒”见载于《吕氏春秋》中的“仪狄作酒”。《战国策》解释说：“昔者，帝女令仪狄作酒而美，进之禹，禹饮而甘之，曰：‘后世必有饮酒而亡国者。’遂疏仪狄而绝旨酒。”这位仪狄，据酒行业专家石巍从晋张协《七命》中“玄石尝其味，仪氏进其法”之载，考辨推断说“玄石尝其味”的美酒，原本是中山狄希所做之“千日酒”，张协说：“仪氏进其法。”“仪氏”显然指“仪狄”。建立中山国的狄族，史籍亦称为狄夷，这位“仪狄”就是能造“千日酒”的“狄希”的原形。可见，夏禹时期仪狄所造之“旨酒”，就是曾给禹进贡的神奇美酒，即“玄石尝其味，仪氏进其法”的“千日酒”。禹是我国夏朝的建立者，距今已有4000余年，可见中山国所酿“千日酒”的历史可以追溯到上古时代。

1974年，河北省平山县出土的中山灵寿古城址里面众多的手工业作坊中，不仅有制陶器、制骨器、制铜铁器、纺织、木工、皮革、制兵器等，还有一个专门酿酒的。这说明酿酒业是中山国的手工业部门之一。在中山譽王墓还出土了2000多年前的“中山王酒”，经过检验，史学家断定是我国乃至世界出土最早的实物酒。墓中藏酒即便经过2000多年，仍能散发出浓郁的醇香之气，足以说明当时造酒业之发达和酿酒技术之高超。由此可以想见，中山人不仅继承和发展了中国传统的酿造技术，并使之提高到一个新的阶段。千年古酒证明了东汉郑玄在《周礼·酒正》注中所说“清酒，今中山冬酿，接夏而成”的真实性。诸多史据和千年古酒实物的再现，确凿地证明中山“千日酒”被酒行业专家称为“酒之鼻祖”是当之无愧的。

随着人类精神文明和物质文明的发展，中山“千日酒”与人类生活和社会经济发展结下了不解之缘，因此“千日酒”被传遍华夏各地。

“千日酒”传至蜀都，据李剑锋著《源于行业传说的志怪小说〈千日酒〉》载：“刘备在四川建立蜀国，把中山酿酒技术带入四川，教化都城人酿酒，使川酒质量独步天下。”刘备是中山靖王刘胜的第13世孙，《三国志》记载了他幼年受到中山大商张世平、苏双的多金资助，聚乡勇500余人，因讨伐黄巾军而立功，被皇帝任命为定州安喜县尉时，一个妇孺皆知“鞭打督邮”的真实故事。“东汉灵帝末，黄巾起义，州郡各举义兵，先主（刘备）率其属从校尉邹靖讨黄巾贼有功，除安喜尉。督邮以公事到县，先主求谒，不通，直入缚督邮，杖二百，解绶系其颈着马柳，弃官亡命。”后在四川建立了蜀国，形成了三国鼎立之势。所以，诸多专家学者撰写有关“酒文化”的论著时说中山“千日酒”是川酒的鼻祖也是历史使然。

“千日酒”传至河北迁安。1996年，迁安市金代李酒使墓中出土的古代酒瓶，高45.8厘米，腹外围长38.5厘米，口径6.1厘米（口底相似），容量1.5千克，瓶形为鸡腿形，外面有弦纹。瓶上刻两个“千酒”行书字，背面刻有“李酒使”三个字。这说明“千酒”是迁安金代生产的一种酒。家住迁安市西马兰庄村的北宋名臣范仲淹的第28代后人范传绪，手中不但保存有完整的范氏家谱，还保存了一首范仲淹写的歌咏“千日酒”的诗，诗曰：“弦上万古意，樽中千日醇。清心向流水，醉貌发阳春。”这也说明“千酒”是在迁安金代时生产的一种酒，并且与中山“千日酒”有关。查阅史籍得知，辽太祖（耶律阿保机）即可汉位六年（公元912年）冬十月，占领了平州（今河北卢龙），并把平州作为后方基地，对幽州、定州等地发动几次大的掠夺战争，俘虏大批人口迁移到辽国。其中，把从安喜县抢虏的5000户人安置在今迁安市东北10公里的青山院一带，与原令支人、渤海人、契丹贵族混处，仍袭用安喜县名称。金灭辽后，金世宗于大定七年（公元1167年），将安喜县取迁移、搬迁之“迁”字和安喜县之首的“安”字，更名为“迁安县”，可见从中山“千日酒”的发源地迁来的移民，所酿造的酒起名“千酒”与中山“千日酒”有渊源是无可厚非的。

中山“千日酒”传到山东鲁国。明朝宰相刘基不仅是政治家、军事家，还是著名的文学家、诗人，在他的《郁离子》中记述了一个“中山窃糟”的典故，就是关于“千日酒”传到山东的趣闻。原文是：昔者，鲁人不能为酒，闻中山人善酿“千日之酒”。鲁人求其方，弗得。有仕于中山者，主酒家，取其糟归，以鲁酒渍之，谓人曰：“中山之酒也。”鲁人饮之，皆以为中山之酒也。一日，酒家之主者来，闻有酒，索而饮之，吐而笑，曰：“是予之糟液也。”

故事讲述的是，过去鲁地的人不会酿酒，他们听说中山人擅长酿酒，就多次想探求酿酒的方法，但是并没有从中山人那里得到。后来，有个鲁人在中山做官，得到了中山人酿制酒糟的方法，就带回鲁本地，用当地的酒浸渍，并对人说：“这就是中山酒。”鲁人喝过后，也都认为这就是中山的名酒。有一天，中山的酒家主人到此，听说这里有中山的酒，就要来喝。他喝后将酒吐出，笑着说：“这只不过是我们的酒糟浸液罢了！”

《杂鬼神志怪》中也记述了“千日酒”传至山东齐国的趣闻。引文曰：“齐人田乃之，能为千日酒，饮过一升，醉卧千日。有故人赵英饮之，喻量而去，其家以为死，埋之。乃之计千日，当醒，往至其家，破棺出之，尚有酒气。”

这则传说实际透露出这样一个信息，在世人眼里，齐鲁之人不善于酿酒，因此田乃已酿“千日酒”的故事，很明显是齐人借助中山人酿“千日酒”的故事编造出来为自己解嘲的。也就是说，田乃已酿“千日酒”的故事受了中山人酿“千日酒”故事的影响，是在其后出的。近代，鲁迅《古小说钩沉》也从《北堂书钞》卷一四八中辑录一篇小说是关于“千日酒”的，全文如下：“齐人田乃已，酿千日酒，过饮一斗，醉卧千日，乃醒也。”

“千日酒”传至陕西。据清乾隆年间重修的陕西《白水县志》载，杜康相传为县之康家卫人，善造酒。康家卫即今白水县大杨乡杜家壑村，“千日酒”的故事也与杜康融合了起来。良泉听风《杜康卖酒》一篇说，在很早以前，陕西白水县有个集贤村，村头有一口泉水，甘甜醇美。泉旁有一户人家，老头儿姓杜名康，据说是夏禹的后裔。老两口就靠着那口泉水酿酒度日。他们精心酿造，每月只酿得醇酒 3 坛，最醇美的要算“千日醉”了，真是：“开坛三家醉，泛杯十里香。”饮此酒者，不过 3 杯就要醉倒，一醉就是 1000 日。后来，白水县的人为了怀念那位成了仙的酿酒大师——杜康，就把他住过的村庄叫“杜康庄”，把那口汲水酿酒的泉叫“杜康泉”，现在这个县虽然不酿造当年的“千日醉”了，但是“杜康酒”仍名闻遐迩。这也是晋代“千日酒”在 1000 多年后酿造出的新小说。由于历代文人墨客的笔耕不辍，中山“千日酒”不仅在魏晋时期与历史上有名的品酒大师刘伶结缘，也与陕西的酿酒大师杜康联姻成为一家。

“千日酒”传至河南洛阳，便在古都洛阳闻名朝野。《洛阳伽蓝记·法云寺》记述了洛阳大市东、南、西、北四市十“里”的繁华往事和各具特色的行业与传说，其中就有关于酿酒业的传奇故事：市西有延酤、治觞二里，里内之人多酿酒为业。河东人刘白堕善能酿酒。季夏六月，时暑赫晞，以罂贮酒，暴于日中，经一旬，其酒味不动。饮之香美，醉而经月不醒。京师朝贵多出郡登藩，远相饷馈，逾于千里，以其远至，号曰“鹤觞”，亦名“骑驴酒”。

“千日酒”传至湖南桂阳。《南史·刘杳传》载：（任）昉又曰：“酒有千日醉，当是虚言。”杳曰：“桂阳程乡有千里酒，饮之至家而醉。”可见“千日酒”“千日醉”在桂阳程乡又有“千里酒”之称。

“千日酒”在徐水。自称“天生刘伶，以酒为名。一饮一斛，五斗解酲”的“竹林七贤”之一刘伶，因为羡慕中山酒，跋山涉水到中山国向狄希要酒喝，仅饮了一杯，便醉3年不醒，闻到刘伶酒气的人也大醉3个月。狄希所酿“千日酒”，品酒大师刘伶在徐水亲自体验到了刘玄石饮后醉卧3年之酒力。唐李瀚撰、宋徐子光注《蒙求集注》卷下云：“玄石沉湎，刘伶解酲。”这是历史上第一次把小说人物刘玄石和历史人物刘伶放在一起传播的蒙学读物。“酒仙”刘伶死后葬于徐水遂城镇，为纪念这位历史上第一位品酒大师，当地人便将所产的中山“千日酒”命名为“刘伶醉”。这就是“刘伶醉”酒与中山“千日酒”的渊源和发展脉络。

历代御酒　世代相传

夏商时禹御用的“旨”酒，即仪狄所造之“千日酒”。禹是我国夏朝的建立者，距今已有4000余年。《诗经·七月》云：“为此春酒，以介眉寿。”在此，“千日酒”被称为“春酒”，其意借酒悦生，祝愿长寿，成为酒文化中的重要价值观念。自此“中山千日酒”受到了历代帝王贵族和文人墨客的青睐。

司马迁《史记·货殖列传》载中山之地的风俗说：“中山地薄人众，犹有沙丘纣淫地余民……”沙丘，故址在今河北广宗西北大平台，属中山辖区。依据司马迁的观点，中山民众中有殷商纣王的后裔。商纣王帝辛，是商代最后一个王，在历史上以淫暴著称。相传他曾在沙丘筑台，畜养禽兽，淫乐不已。又载：“殷纣为酒池糟丘，一鼓而坐饮者三千人。”纣王喝的酒中肯定有“千日酒”。

春秋战国时期，在各种祭祀、会盟庆典、接待来使、庆祝胜利等场合，中山酒已经是必不可少的礼仪用品。在这个时期，中山国狄希酿造的“中山酒”已经很有名气。1974年，千年古酒的出土证明了有关中山人造酒的神话传说绝非偶然形成。

西汉时期，中山国的酒文化愈加丰富多彩。1968年发掘的西汉中山靖王刘胜及夫人窦绾墓实物中，就有大量储酒容器和饮酒器具，有十几个大酒缸，足够盛下几千斤酒。史称汉景帝的儿子刘胜“乐酒好内”，子枝120余人，是一个贪酒享乐之徒。汉末刘胜被封为中山靖王，都卢奴（今河北定州），使中山酒进一步发扬光大。

东汉郑玄在《周礼·酒正》注中说：“清酒，今中山冬酿接夏而成。”“清酒”是古代酒中佳品。汉代的中山“清酒”需要半年时间才能酿成，说明中山酒对于酿造的季节和时间要求严格，所以其酒味醇厚、酒性浓烈。晋人左思在《魏都赋》中说：“醇酎中山，流湎千日。”据《文选》卷六左思《三都赋·魏都赋》张载注云：“中山出好酎酒。”《隋图经》载：“常山唐县中山城西北隅有一大井，俗名赵母井。昔云‘醇酎千日’，即是此井所酿。”千日酒实是一种“醇酎”！北魏农学家贾思勰所著《齐民要术》卷七《笨曲并酒》详细记载了“酎”酒的酿制方法“穄米酎法”，此酒正月作，至五月大雨后，夜暂开看，有清中饮，还泥封。至七月，好熟。接饮，不押。三年停之，亦不动。一石米，不过一斗糟，悉着瓮底。酒尽出时，水硬糟脆，欲似石灰。酒色似麻油，甚酽。先能饮好酒一斗者，唯禁得升半。饮三升，大醉。三升不浇，必死。

魏晋南北朝承接历史以来，纵饮之风比之前代有过之而无不及，中山国酿酒业的发达也就在不言中。饮酒至魏晋，得时代动乱无常之助，流风日炽。“竹林七贤”推波助澜，至晋代乃至出现“八达”群聚裸饮之类的荒诞事情。人们饮酒希冀长寿，享乐人生，当然也有借酒浇愁，传达情韵。在志怪小说中，人们渴望更多的是长生不死。《神异经》云，西北荒有酒泉，“饮此酒，人不生死”；《十洲记》云，瀛洲“出泉如酒，味甘，名之为玉醴泉，饮之，数升辄醉，令人长生”。这是神仙传说中的仙酒，一般凡人自然难以享用，但现实中的美酒还是可以品尝的。有千日美酒，人们自然乐此不疲。因此，学者读“千日酒”故事，首先从时风好酒的角度解释它产生的原因，认为“魏晋名士好饮酒，以示狂放，酒的传说即产生于这种风气之中”。“千日酒”传说为“魏晋文人身处痛苦，寻求解脱心理的形象写照”。

隋唐时期，定州已发展成为中国北方大型商业城市和丝织品中心。“千日酒”的典故更是被广泛传播，此举其大端。公元679年，唐太宗李世民的弟弟霍王李元轨镇守定州，将中山“千日酒”进贡给唐太宗。唐太宗饮用后大加赞赏，并赋诗赠给宰相魏徵。《赐魏徵诗》曰："醽醁胜兰生，翠涛过玉瓒。千日醉不醒，十年味不败。"

北宋元祐八年（1093 年），苏东坡在朝中受到排挤，被贬到定州任知府，这位大文豪一到定州，就发现定州人民勤劳朴实，物产丰富，酿酒业发达。他饮了中山"千日酒"后，曾在《苏东坡全集》中三赞中山"千日酒"。其一，在《用前韵再和孙志举》中：人众者胜天，天定亦胜人。邓通岂不富，郭解安得贫。惊飞贺厦燕，走散入幕宾。醉眠中山酒，梦结南柯姻……其二，在《寄周安孺茶》中：……闽俗竞传夸，丰腴面如粥。自云叶家白，颇胜中山醁。好是一杯深，午窗春睡足。清风击两腋，去欲凌鸿鹄。其三，在《鳆鱼行》中：……中都贵人珍此味，糟浥油藏能远致。割肥方厌万钱厨，决眦可醒千日醉。

苏东坡在定州不仅常饮"千日酒"，以酒解愁、以酒会朋、以酒赠友，借酒兴作诗，还进一步发展了中山定州的酿酒业。他针对定州遍布泉水的优势，利用南宋村黑龙泉口感醇甜的泉水，始创酿出了绝世珍品"中山松醪"酒，并于 1096 年作《中山松醪赋》碑文，石碑现留存在定州市博物馆。"中山松醪酒"成为历代御用贡酒。据史载：南宋高宗赵构及后宫嫔妃，元太祖铁木真，明太祖朱元璋及马皇后，清顺治皇帝、乾隆皇帝都曾饮用此酒。它与中山"千日酒"一样，成为横亘古今、驰名中外的酒中瑰宝、历代御酒。

南宋人刘克庄编《千家诗》收录王中《干戈》一首，诗云："安得中山千日酒，酩然直到太平时。"饱经战乱之苦的诗人借"千日酒"表达对愁恨的厌倦和对和平的向往。

明徐应秋辑《玉芝堂谈荟》卷二十九中说："古名酒有醉千日而使醒者，中山狄希所造酒也。"

清《叶韵汇辑》卷二十九引宋人吴儆诗曰："利欲醺人心，浓如饮醇酎。沉湎死不休，宁论千日久。岂知糟邱中，醒狂亦时有。"

清梁京钜撰《浪迹三清》卷五中说："酒名千日乃附会，昔酒为久，冬酿接春。清酒，今中山冬酿，接夏而成，是酒名千日者，极言其酿之久。后人仍附会一醉千日之说耳，酒贵久酿，亦贵重酿。"还有人说，"千日酒"应是储存 1000 日的酒，并且必须在"酒海"中储存。"酒海"是用桑条和荆条编成的酒篓，内壁用桑皮纸、猪血、石灰等物，经特殊工艺处理后贮酒。一个小酒海可贮1500~2000千克白酒，大酒海可贮2500~4000千克白酒。无论是能醉人千日的“千日酒”，还是酿造千日的“千日酒”、贮存千日的“千日酒”，总之都是指中山国的一种名酒，是中华优秀历史文化中一颗璀璨的明珠。

千年“千日酒”酒乡加诗乡

“千日酒”的传说是魏晋文人表达思想，寻求解脱心理的形象写照。《博物志》面世后，华夏历代，上至皇帝王侯将相，中至文豪墨客，下至庶民百姓，都对中山“千日酒”由衷喜爱。逢宴饮酒，必希寄长寿，享乐人生，当然也有借酒浇愁，传达情韵，使中山定州形成了“酒乡加诗乡”辉煌璀璨的中山酒文化。

晋张载为（左思）注《魏都》“中山出好酎酒”之后，其弟张协的《七命》曰：“玄石尝其味，仪氏进其法。倾罍一朝，可以流湎千日；单醪投川，可使三军告捷。”看来晋代张载、张协都熟悉“千日酒”的故事。他们之所以熟悉，不是因为读了张华的《博物志》，而是熟悉关于“千日酒”的传说。就《文选》的记述来看，不论是情节、人名还是文字，都与《博物志》的记述更相似，保持了民间传说的质朴色彩。自此，历代诗圣以“中山酒”“千日酒”“千日醉”为题的名诗、名典在《全唐诗》《宋辞》《乐府诗集》《文心雕龙·千家诗》中有50余首均给予其赞誉。

贞观十九年（公元645年），唐太宗发动了东征高句丽的战争，太子李治驻居监国于定州开元寺。春二月，太宗亲统六军自洛阳出发。三月，驻跸定州。太宗谓左右曰：“今天下大定，唯辽东未宾，后嗣因士马盛强，谋臣导以征讨，丧乱方始，朕故自取之，不遗后世忧也。”唐太宗爱兵如子，亲自坐在城门对身旁走过的兵卒抚慰，对有疾病者亲自探视，并敕令各州、县给予治疗。冬十月，得胜而还，皇太子李治自定州迎谒。唐太宗二次幸定州，得胜之余大摆筵宴，庆祝胜利。他饮用了中山“千日酒”后诗兴大发，遂作庆功诗一首，名曰《宴中山》。

驱马出辽阳，万里转旗常。对敌六奇举，临戎八阵张。
斩鲸登碧海，卷雾扫扶桑。昔去兰萦翠，今来桂染芳。
云芝浮碎叶，冰镜上朝光。回首长安道，方欢宴柏梁。

唐太宗李世民的文治武功，自古就为人所津津乐道，颂扬备至。他不仅是一位有作为的政治家和军事家，还是一位著名的诗人，在《全唐诗》留诗88首，东征所作《宴中山》和《赐魏徵诗》也都在其中。

唐太宗作《宴中山》之后，宰相许敬宗随赋《奉和宴中山应制》曰：飞云旋碧海，解网宥青丘。养贤停八骏，观风驻五牛。张乐临尧野，扬麾历舜州。中山献仙酤，赵媛发清讴。塞门朱雁入，郊薮紫麟游。一举氛霓静，千龄德化流。

与诗仙李白、李商隐并称为“唐代三李”的李贺所赋《杂曲歌辞·立十二月乐辞·立十一月》中曰：“宫城团回凛严光，白天碎碎堕琼芳。挝钟高饮千日酒，却天凝寒作君寿。御沟泉合如环素，火井温水在何处。”

中山人刘禹锡也在《同乐天和微之深春二十首（同用家花车斜四韵）》一诗中留有“醉酒一千日，贮书三十车。雉衣从露体，不敢有馀斜”的赞颂。

唐释云岫《读本师语录》云：“青旗斜出画桥西，杨柳飞花水满堤。一酌误人千日酒，醉埋荒冢不思归。”巧借“千日酒”比喻本师语录醇厚醉人的禅思。孟郊《暮秋感思》云：“欲慰一时心，莫如千日酒。”“千日酒”在被用作典故的过程中，其基本蕴涵被固定为对于浓愁大恨的彻底消解。

杜甫《垂白》云：垂白冯唐老，清秋宋玉悲。江喧长少睡，楼迥独移时。多难身何补，无家病不辞。甘从千日醉，未许《七哀》诗。

王绩《尝春酒》云：“野觞浮郑酌，山酒漉陶巾。但令千日醉，何惜两三春。”

唐韩偓《江岸闲步》云：“一手携书一杖筇，出门何处觅情通。立谈禅客传心印，坐睡渔师著背蓬。青布旗夸千日酒，白头浪吼半江风。淮阴市里人相见，尽道途穷未必穷。”

唐王勃《春园》云：“山泉两处晚，花柳一园春。还持千日醉，共作百年人。”

唐武元衡《酬王十八见招》云：“王昌家直在城东，落尽庭花昨夜风。高兴不辞千日醉，随君走马向新丰。”

唐刘希夷《故园置酒》云：“酒熟人须饮，春还鬓已秋。愿逢千日醉，得缓百年忧……”

唐皮日休赋诗两首，一首是《茶中杂咏》云："香泉一合乳，煎作连珠沸。时看蟹目溅，乍见鱼鳞起。声疑松带雨，饽恐生烟翠。尚把沥中山，必无千日醉。"另一首是《杂曲歌辞·太和第四》云："塞北江南共一家，何须泪落怨黄沙。春酒半酣千日醉，庭前还有落梅花。"

唐鲍溶《范真传侍御累有寄，因奉酬十首》云："昨日新花红满眼，今朝美酒绿留人。……闻道中山酒，一杯千日醒……"

宋刘彤《临江仙》云：" 千里长安名利客，轻离轻散寻常。难禁三月好风光。满阶芳草绿，一片杏花香。记得年时临上马，看人眼泪汪汪。如今不忍更思量。恨无千日酒，空断九回肠。"

宋李元膺《浣溪沙·玉楼春》云："华堂夜宴连清晓。醉里笙歌云窈袅。酿来千日酒初尝，过却重阳秋更好。阿儿早晚成名了。玉树阶前春满抱。天边金镜不须磨，长与妆楼悬晚照。"

周庾信《燕歌行》云："代北云气昼昏昏，千里飞蓬无复根。……蒲桃一杯千日醉，无事九转学神仙。定取金丹作几服，能令华表得千年。"

宋王中《干戈》云："干戈未定欲何之，一事无成两鬓丝。踪迹大纲王粲传，情怀小样杜陵诗。鹡鸰音断人千里，乌鹊巢寒月一枝。安得中山千日酒，酩然直到太平时。"这首诗描写宋末乱世因战争不断，兵连祸结，家人离散，岁月流逝，一事无成的苦闷、无奈的心情。

古代文人赞颂"千日酒"和借酒抒情的诗篇、文学作品举不胜举，篇篇诗赋、颂文都如颗颗璀璨明珠，丰富了中华民族的酒文化宝库。可以肯定的是"千日酒"的典故虽然来自民间传说，但是光辉灿烂的中山酒文化却展示着中山酒的真实内涵和发展历程。让千年"中山酒"与其独特的酒文化在华夏民族的经济发展中绽放异彩，让子孙后代进一步传承发扬中山的酒文化，不能不说是一件德泽永久、惠及千秋的好事。

第八辑　中山王之外的“中山王”

定州是中华五千年传统文化的重要发祥地之一，由于其悠久的历史和“中山天下重”的显赫地位，定州成了人才辈出之地，并且名贤荟萃。古代在定州任职的官员据不完全统计有739名，有5名帝王在定州君临天下，有13名宦官在定州任职后称帝立国；有32名中山王在定州王宫临政；众多名宦在定州任职后被擢升重用，成了名垂青史的贤臣良佐。定州的宫殿、官邸也成了历史上孕育英才的摇篮。而在定州任职中山王之外的“中山王”，却绘制了一幅藏龙卧虎、出将入相、群英翱翔的绚丽画卷，故将定州历代职官记录于此。

定州古代历代职官

朝代	政级	时间	姓名	职位
五帝时	唐　国	公元前 2361 年	放　勋	唐侯尧帝
周	中山国	公元前 414 年	武　公	中山王
	中山国	公元前 408 年	桓　公	中山王
	中山国		公孙焦	大夫
	中山国		鼓　须	大将
	魏中山国	公元前 406 年	魏　击	中山王
	魏中山国		赵仓唐	守中山
	魏中山国	公元前 403 年	魏　挚	中山王
	魏中山国		魏　牟	中山王
	魏中山国		李克（悝）	守中山
西汉	中山国	公元前 154 年	刘　胜	中山靖王
	安　险	公元前 132 年	刘　应	安险侯
	陆　地	公元前 132 年	刘　义	陆地侯
	薪　处	公元前 129 年	刘　嘉	薪处侯
	中山国	公元前 113 年	刘　昌	中山哀王
	中山国	公元前 111 年	刘昆侈	中山康王
	中山国	公元前 89 年	刘　辅	中山顷王
	中山国	公元前 87 年	刘　福	中山宪王
		公元前 75 年	刘　吉	新市康侯
	中山国	公元前 70 年	刘　修	中山怀王
	中山国	公元前 46 年	刘　竟	中山哀王

续表

朝代	政级	时间	姓名	职位
西汉	中山国	公元前 23 年	刘　兴	中山孝王
	中山国		中山卫姬	中山孝王后
			孝元冯昭仪	中山太后
	中山国	公元前 8 年	刘　衎	中山王
	中山国	公元元年	刘成都	中山王
		平帝时	中山卫氏	中山王后
			郭　钦	卢奴令
		宣帝时	闻人通	中山尉
		公元 4 年	王　丹	中山太守
东汉		公元 23 年	贾　复	中山尉
	中山国	公元 25 年	刘　茂	中山王
	苦 陉	公元 26 年	杜　茂	苦陉侯
	中山国	公元 41 年	刘　辅	中山王
	中山国	公元 54 年	刘　焉	中山简王
	中山国	公元 90 年	刘　宪	中山夷王
			光武郭皇后圣通	中山太后
	中山国	公元 120 年	刘　弘	中山孝王
	中山国	公元 140 年	刘　畅	中山穆王
	中山国	公元 174 年	刘　稚	中山节王
		光武时	邓　晨	中山太守
		光武时	马　成	中山太守
		光武时	郭　伋	中山太守
十六国		章帝时	戴　封	中山相
		章帝时	张　郴	中山相

续表

朝代	政级	时间	姓名	职位
十六国		桓帝时	张　纯	中山相
		灵帝时	臧　昶	中山相
		灵帝时	王　凌	中山太守
		灵帝时	郭　攸	中山太守
		灵帝时	薛　修	中山相
		灵帝时	张　纯	中山太守
		灵帝时	刘　备	安喜尉
			臧　旻	卢奴令中山太守
三国	曹魏	魏文帝	曹　兖	中山恭王
	中山国	公元 235 年	曹　孚	中山王
			陈　骞	中山太守
			王　凌	中山太守
西晋	中山国	公元 265 年	司马睦	中山王
	中山国	公元 277 年	司马耽	中山王
	中山国	公元 292 年	司马缉	中山王
		晋武帝	阮　豹	中山太守
		晋惠帝	张　瑶	中山太守
十六国	后赵	石勒时	秦　固	中山太守
			翟　瑂	定州刺史
			刘　固	中山太守
		公元 319 年	石　虎	中山王
		石虎时	上谷侯龛	中山太守
			白　同	守中山
	前燕	公元 354 年	慕容暐	中山王

续表

朝代	政级	时间	姓名	职位
十六国		公元 360 年	慕容冲	中山工
			慕容恪	镇中山
			孙　兴	中山太守
			杨　结	中山相
	后燕	公元 356 年称帝	慕容垂	成武帝王
		公元 385 年	慕容温	屯中山
	后燕国	公元 396 年	慕容宝	惠愍帝
	后燕国	公元 397 年	慕容详	后燕王
	后燕国	公元 397 年	慕容麟	后燕王
	后燕		慕容德	中山太守
	后燕		慕容宙	中山太守
	后燕		苻　谟	中山尹
	后燕		封　衡	中山尹
	前秦	苻坚时	苻　诜	中山公
	前秦	苻丕时	王　兖	中山太守
	前秦	苻丕时	苻　鉴	中山太守
	前秦	公元 411 年	冯　弘	中山公
南北朝	北魏	太祖时	拓跋仪	中山行台守尚书令
	北魏	太祖时	许安国	中山太守
		太祖时	穆莫题	中山太守
			王世弼	中山内史
		太祖时	刘罗辰	中山太守
			刘尔头	魏昌县令
		太祖时	勿　期	中山太守

续表

朝代	政级	时间	姓名	职位
南北朝	北魏	太祖时	楼伏连	中山太守
			仇　儒	中山太守
			宋鸿贵	定州平北府参军
		公元 424 年	严　棱	中山太守
		高祖时	胡　泥	定州刺史
		公元 550 年	元善见	中山王
		明元帝	贺　泥	并、定州事
			磨　浑	定州刺史
			尉　元	中山太守
			魏伯成	中山太守
			尉古真	定州刺史
			尉目斤	中山太守
		公元 426 年	元　纂	定州刺史中山王
		太武时	杜　超	冀定都督
			于　勋	定州刺史
		太武时	段　霸	定州刺史
			张浑屯	定州治中
			许崇之	定州刺史
		太武时	严　枝	中山太守
		太武时	乙　环	定州刺史
			乐浪公	定州刺史
			秃发保周	定州刺史
			高　雅	抚军府长史
			毛天爱	定州刺史

续表

朝代	政级	时间	姓名	职位
南北朝			蒋　升	定州刺史
			莫　瑰	定州刺史
			硃修之	中山太守
		孝昌初	王　静	行定州事
		太昌初	崔　勉	定州大中正
			李秀林	定州大中正
			李　裔	定州别驾定州王
			元景豫	定州司马
		熙平中	崔孝芬	定州大中正
		文成时	刘　尼	定州刺史
			高次同	定州刺史
			楼　毅	定州刺史
			穆　泰	定州刺史
			高　雅	定州抚军府长史
			崔　绪	定州抚军府法曹参军
			杨　钧	中山太守
			窦　瑗	太山太守
			封　鉴	行定州事
			元磨浑	定州刺史
			许宗之	定州刺史
		献文帝时	赵　黑	定州刺史
		献文帝时	陆一浑	定州刺史
		孝文帝时	冯　熙	定州刺史
	北魏	孝文帝时	陆　睿	定州刺史

续表

朝代	政级	时间	姓名	职位
南北朝			李　凤	定州刺史
			拓跋长乐	定州刺史
			拓跋诠	定州刺史
			拓跋䚟	定州刺史
			王　静	定州刺史
			元世遵	定州刺史
			乙　瑰	定州刺史
			宋游道	定州刺史
			李兴祖	中山太守安熹侯
			崔孝暐	定州主簿
			崔孝演	定州治中
			崔　绪	定州抚军府法曹参军
			崔　融	定州别驾
			李　先	定州大中正
			房叔祖	魏昌男
			张赦提	安熹侯
			路恃庆	定州长史
		太和中	张　纂	魏昌县令
		宣武帝时	于　忠	都督兼刺史
			和其奴	定州刺史
			甄　琛	定州刺史
		宣武帝时	贺拔胜	镇定州、大都督
			元　诠	定州刺史
			元　鸾	定州刺史

续表

朝代	政级	时间	姓名	职位
南北朝	北魏	宣武帝时	李兴祖	定州刺史
			陈　念	中山太守
			杨　椿	定州刺史
			崔　亮	定州刺史
			王　罴	定州长史
			崔　楷	北道行台、定州刺史
			薛　忱	定州仪同开府谘议参军
			高　劲	定州刺史
			元　澄	定州刺史
			封　回	定州刺史
			元　琛	定州刺史
			穆　亮	定州刺史
			穆　绍	定州刺史
			李秀林	定州大中正
			李仲遵	开府参军
			李　静	定州别驾
			李思穆	行营司马
		永平中	杨大眼	中山内史
			李　孚	中山三郡太守
			许　陀	定州长史
			裴英起	定州长史
			赵　襄	中山郡守
			高　陵	定州别驾

续表

朝代	政级	时间	姓名	职位
南北朝			李宣茂	定州大中正
			李　宪	定州大中正
			贾显度	定州大中正
			崔　谦	定州大中正
			魏季景	定州大中正
	北魏	孝武时	孙　腾	行营朴射八州统帅
			高　琛	定州刺史
			高　睿	定州刺史
			薛元颍	定州别驾
			韩　均	定州刺史
			李　崇	三州军事都督、兼定州刺史
			李　韶	定州刺史
			杨　津	行定州事
			元　深	定州刺史
			赵叔隆	中山太守
			元　渊	定州刺史
		显祖初	林金闾	定州刺史
		普泰元年	侯　深	定州刺史
			元　固	定州刺史
			许　祓	定州长史
			李　裔	州镇军长史
	北魏	孝庄时	魏兰根	行营仆射、统帅
			侯　渊	定州刺史

续表

朝代	政级	时间	姓名	职位
南北朝			李　华	中山太守
			李　凭	定州大中正
			崔　秉	卫军府录事参军
			刘　回	中山太守
			元　韶	定州刺史
			宋游通	定州刺史
			叱列延庆	定州刺史
	北魏	孝庄时	皮景和	定州刺史
			薛昙尚	定州刺史
			高　翼	定州刺史
		永安中	张宣轨	定州别驾、中山公
			于　劲	定州刺史
		安定王时	魏明朗	定州大中正
		公元 533 年	高　琛	都督、定州刺史
	东魏	孝静帝时	高　澂	定州都督统帅
			侯　景	定州刺史
			贾　瑗	中山太守
			许　阤	定州刺史
			宋游通	中山太守
			房　谟	行定州事
	东魏	孝静帝时	陆希道	定州刺史
			韦道建	定州仪同开府长史，带中山太守
			郭元贞	定州刺史

续表

朝代	政级	时间	姓名	职位
南北朝			房　约	行定州事
		公元 544 年	苏　淑	中山太守
			陆　载	中山太守
			魏　收	定州大中正
			陆彦师	中山太守
	北齐	公元 549—553 年	高　湝	定州刺史
		天保初	高　润	定州刺史
			高　湝	定州刺史
		乾明二年	高　睿	定州刺史
		公元 562 年	高　济	定州刺史
		文宣帝	善无库狄干	定州刺史
			宋钦道	中山太守
			段　荣	定州刺史
			李灵卫	定州刺史
			杨休之	中山太守
			崔　遢	定州开府谘议、定州长史
			高延宗	定州刺史
			高　欣	定州刺史
			赵叔隆	中山太守
			卢庄之	定州别驾
	北齐	文宣帝时	宋欣道	中山太守
			王　休	中山太守

续表

朝代	政级	时间	姓名	职位
南北朝			卢士邃	中山太守、定州长史
		公元 560 年	徐之才	定州刺史
			娄　昭	定州刺史
		公元 561 年	高　绰	定州刺史
			高　济	定州刺史
			李　衍	定州刺史
			高　廓	定州刺史
			高仁英	定州刺史
	北齐	武成帝时	高　仁	定州刺史
		温公时	斛律羡	统帅兼刺史
			周　灵	定州刺史
			周法尚	定州刺史
			娄　昭	定州刺史
			厍狄干	定州刺史
			独孤永业	定州六州都督
			薛元颖	定州别驾
		温公时	綦连猛	定州刺史
		公元 577 年	高绍义	定州刺史
			周法僧	定州刺史
			司马子瑞	定州长史
			李　构	定州长史
			封　询	定州长史
			源文举	定州长史、中山郡守
			源　楷	中山郡守

续表

朝代	政级	时间	姓名	职位
南北朝	北周	公元 561 年	杨　坚	定州总管
			权景宣	定州刺史
			高延宗	定州刺史
			崔　说	定州大中正
			裴　欣	魏昌乐王府司马
隋		公元 581 年	裴　矩	定州总管
			豆卢通	定州刺史
			守文弼	定州刺史
			陆　骞	中山太守
			韦　协	定州刺史
		文帝时	竇　毅	定州总管
			窦　抗	定州刺史
唐		公元 618 年	李玄通	定州总管
			双士洛	定州总管
			独孤修德	定州刺史
		公元 627 年	李元轨	定州刺史
			薛　献	定州刺史
		公元 675 年	赵　怀	定州刺史
			明崇俨	安喜令
			张南容	定州刺史
			薛季昶	定州刺史节度军事
			李元嘉	定州刺史
			尹思贞	定州刺史
			孙彦高	定州刺史

续表

朝代	政级	时间	姓名	职位
唐		睿宗时	姚　班	定州刺史
		景云中	李　义	中山贞公
		玄宗时	王　晙	中山忠烈公
			崔元暐	博陵郡王
			王　丰	中山君
			崔宣远	定州刺史
		公元 725 年	裴耀卿	定州刺史
			张嘉贞	定州刺史
			程元皓	定州刺史
		玄宗时	郑　放	定州刺史
			王　暖	定州刺史
			殷　愔	定州刺史
			杨伯玉	定州都虞候
			张佐元	兵马使
			李迥秀	定州刺史
		肃宗时	张忠志	五州统帅定州节度使
		肃宗时	谷从政	定州刺史
			杨正义	定州刺史
		公元 757 年	李　侗	定王（唐高宗子）
		公元 791 年	李　謜	义武军节度大使
		公元 806 年	张孝忠	义武军节度使
			张茂昭	义武军节度使
			康承训	义武军节度使

续表

朝代	政级	时间	姓名	职位
唐			浑　镐	义武军节度使
		宪宗时	陈　楚	义武军节度使
			任边简	义武军节度使
			任迪简	定州长史兼行军司马义武军节度观察
			杨伯玉	义武军都虞候
		穆宗时	柳公济	义武军节度使
			傅　毅	义武军节度使
		穆宗时	杜　牧	定州太守
		公元 827 年	张　璠	义武军节度使
			张元益	义武军节度使
			韩　成	义武军节度使
			陈贵赏	义武军节度使
		公元 820 年	韦　绚	义武军节度使
		公元 825 年	李　听	义武军节度使
		公元 829 年	傅　毅	义武军节度使
			尹　思	定州刺史
			何清朝	义武马军都虞候
		公元 838 年	韩　威	定州刺史义武军节度
			张　璠	易定节度使
			何清朝	义武马军都虞候
			陈君赏	义武军节度使
		公元 841 年	卢宏宣	义武军节度使
		公元 847 年	卢简求	定州刺史义武军节度

续表

朝代	政级	时间	姓名	职位
唐			郑　朗	义武军节度使
			李仲迁	义武军节度使
			王　涯	定州刺史
			郑　朗	定州刺史
		公元 854 年	郑　涯	定州刺史
		公元 874 年	王处存	义武军节度使
			王处直	义武军节度使
			李德休	义武军掌记
			王重荣	定州刺史
		公元 883 年	张仲庆	易定大将
		公元 885 年	齐克让	定州刺史
		公元 889 年	王　郜	义武军节度使
			王　都	义武军节度副大使
五代		后唐庄宗时	杨　檀	义武军节度使
			李彦舜	义武军节度使
			马让能	定州都指挥使
		明宗	王晏球	义武军节度使
			李　周	定州节度使
			李从敏	义武军节度使
			李德琉	定州节度
		闵帝时	王从温	义武军节度使
		后晋高祖时	王廷允	义武军节度使
			王廷颖	节义武军度使
			李守贞	定州都督

续表

朝代	政级	时间	姓名	职位
五代		后晋出帝时	李　殷	义武军节度使
			马全节	义武军节度使
			宋审约	义武军节度使
			王　周	义武军节度使
			耶律忠	义武军节度使
		后晋出帝时	皇甫遇	义武军节度使
			安审珂	义武军节度使
		唐、晋、汉	孙方谏	义武军节度使
		周	韩令坤	义武军节度使
			孙行友	义武军节度使
宋		公元 960 年	郭廷训	义武军节度使
		公元 970 年	田钦祚	定州路都部署
		公元 981 年	米　信	定州路都部署
			孟玄哲	镇定州
		公元 976 年	孟元喆	定武节度使
			田仁朗	节度副使
			戴　兴	节度副使
			康保裔	定州都部署
			李继宣	定州钤辖
			任守忠	定州钤辖
			孔守正	定州行营副部署
			刘知信	兵马钤辖
			秦　翰	兵马钤辖
			呼延赞	马军副都监

续表

朝代	政级	时间	姓名	职位
宋			周审玉	定州监军
			崔　翰	知定州
		太宗时	王汉忠	知定州
			杜彦珪	知定州
			尹　宪	知定州
			李昭亮	知定州
			刘知信	知定州
			魏　震	知定州
			灵寿曹璨	知定州
			高继勋	知定州
			符昭寿	知定州
			张永德	守定州
		公元 998 年	曹　炜	定州都总管
			安　易	知定州
			吴元扆	知定州
			牛允正	知定州
			马知节	知定州
		真宗时	张昭远	知定州
			王　能	知定州
			大名王素	知定州
			周　莹	知定州
			田重进	定州都部署
		真宗时	白宋素	定州钤辖
			袁继忠	行营马步都监

续表

朝代	政级	时间	姓名	职位
宋			范廷召	行营都部署
			王昭远	定州都部署
			王　显	定州都部署
			刘承宗	定州钤辖
			王　超	定州路都部署
			薛昭敏	行营钤辖
			刘利一	定州路钤辖
			闫承翰	镇定路都钤辖
			王　荣	行营都部署
			张　凝	行营副都部署
			杨　嗣	行营副都部署
			傅　潜	镇定都部署
		仁宗时	李允正	定州路都总管
			夏守斌	定州路都总管
			郭永佑	定州路都副总管
			刘　斌	定州兵马都监
			刘良孙	定州兵马都监
			王　果	知定州
			王贻永	知定州
			钱惟济	定州总管、知定州
			杨崇勋	定州路副都总管、知定州
			杜惟序	知定州
			夏守恩	知定州
			王德基	知定州

续表

朝代	政级	时间	姓名	职位
宋			庞　籍	知定州
			宋　祁	知定州
			刘　平	知定州
			王拱辰	知定州
			冯行己	知定州
			张守约	定州路驻泊都监
			陈升之	知定州
			赵承选	博陵郡王
			赵叔兑	博陵侯
			赵叔砻	博陵侯
			赵益之	博陵侯
		1064 年	李用和	定州路旧判刺史
			刘永年	定州副都总管
			李仲祐	权定州路总管
			杨文广	副督总管
			蔡　抗	知定州
			孙长卿	知定州
			李　参	定州都部署
			曹　诱	定州路兵马钤辖
		1068 年	薛　向	定州路安抚使
			王光祖	定州路副总管
			吕公著	定州路安抚使
			滕元发	知定州

续表

朝代	政级	时间	姓名	职位
宋			张　操	知定州
			章　惇	知定州
			韩　降	知定州
		神宗时	黄　实	知定州
			李肃之	知定州
			滕　甫	知定州
		1086 年	许　将	知定州
			王焕之	知中山府事
			苏　轼	知定州
			刘奉世	知定州
			韩忠彦	知定州
			胡宗愈	知定州
			叶祖洽	知定州
			顾　临	知定州
			高元奉	长史
			孙　贵	云冀指挥使
			韩守英	定州、镇定高阳关、并代路兵马钤辖
			杨守珍	镇定高阳关行营同押先锋事
			卢守勤	定州、北京路钤辖
		1101 年	韩粹彦	定州路安抚使
		1127 年	范　琼	定武军承宣使

续表

朝代	政级	时间	姓名	职位
宋			张　杲	中山守
			陆　佃	知定州
			管师仁	知定州
			刘奉世	知定州
		徽宗时	梁士野	知定州、梁士野
			吕公著	定州路安抚使
			司马光	定武军从事
			曾　肇	知定州
			韩　琦	知定州
		政和初时	王汉之	知定州
			张舜民	知定州
			蔡　京	知定州
			詹　度	知中山府
			赵　矞	知中山府
		钦宗时	陈亨伯	知定州
			陈　遘	知定州
			王岩叟	知定州安喜县
			韩　璹	知定州安喜县
金		1115 年	蒲察斡论	定州节度使
		1123 年	贾少冲	定武军节度使
			崔一作	定武军节度使
			翟永固	定武军节度使
		熙宗时	杨伯雄	定武军节度使
		1149 年	赵兴祥	定武军节度使

续表

朝代	政级	时间	姓名	职位
金			马　琪	定武军节度使
			顽　犀	定武军节度使
			傅慎微	定武军节度使
		世宗时	杨伯通	定武军节度使
			刘　萼	定武军节度使
			完颜充	同知定武节度使
			完颜永成	定武军节度使
		1163 年	丁暐仁	定武军节度副使
		世宗时	张元素	定武军节度使
			磨　古	定武军节度使
			丁炜仁	定武军节度使
			路伯通	定武军节度使
			徒单镒	定武军节度使
			梁　襄	同知定武军节度
			焦　旭	安喜主簿
			唐括鼎	定武军节度使
		1190 年	完颜永升	定武军节度使
			完颜永蹈	定武军节度使
			卢　玑	定武军节度使
			石　皋	守定州
			完颜弼	定武军节度使
			郭　蜕	定武军节度使
		1191 年	李　愈	同知定武军节度使
		1193 年	永　昌	定武军节度使

续表

朝代	政级	时间	姓名	职位
金		1204 年	贾益谦	定武军节度使
		1209 年	永　安	中山府事
		1213 年	苗道润	知中山府事
		1214 年	陀满胡土门	知中山府
			徒单公弼	知中山府事
			陀满胡土门	知中山府事
			李　济	知中山府事
			纥奥屯忠孝	知中山府事
			温迪罕思敬	同知定武军节度
			郭　安	知中山府事
			李　明	知中山府事
		1161 年	图克坦喀齐喀	定国公
		1182 年	图克坦克宁	定国公
		1207 年	完颜匡	定国公
		1213 年	图克坦公弼	定国公
		1214 年	完颜承晖	定国公
		1213 年	图克坦公弼	定国公
		1214 年	完颜承晖	定国公
元		1206 年	邸　顺	知中山府事
			赵　瑨	中山达曾花赤
		1229 年	史　缉	知中山府
			史　枢	知中山府
			李　明	知中山府
		1290 年	王　善	知中山府

续表

朝代	政级	时间	姓名	职位
元			齐　询	中山守
			完颜阿合	同知定武军节度使
		1295 年	秃儿迷失	监中山府
			李　岩	知中山府事
			萧拜住	知中山府事
		1308 年	董　俊	知中山府
		1308 年	奇渥温永和尔	定王
			辅惟良	知中山府
		1312 年	石抹钦祖	知中山府
			安博左角 右上日下一寸	中山府达鲁花赤
		1323 年	奇渥温彻肯	定王
		1327 年	奇渥温尔台	定王
		1328 年	颜　导	知事
		1333 年	尹　吉	知中山府
			也列不子	监府
			王从真	知事
			韩伯不花	监府
			石　郁	中山府达鲁花赤大都知事
			王守瑞	府尹
			完颜秃薛	中山宣差达鲁知赤
			张　某	知中山府
明		1368 年	李　极	知州
		1368 年	沈　中	知州

续表

朝代	政级	时间	姓名	职位
明		1374 年	白　玺	知州
		先年	沈　茂	知州
		1377 年	项昌铭	知州
		1383 年	王　秀	知州
		洪武末	平　安	帅定州
		1390 年	李　辉	知州
		1390 年	沈　茂	知州
		1404 年	徐景昌	知州（定国公）
		1429 年	常景光	知州
		1434 年	黄　丙	知州
		1434 年	袁　瑄	知州
		1434 年	林　衡	知州
		1438 年	徐宪忠	知州（定国公）
		1446 年	许　让	知州
		1452 年	王　约	知州
		1452 年	邱　俊	知州
		1456 年	徐永宁	知州（定国公）
		1464 年	耿　裕	判定州
		1465 年	刘　竑	知州
		1469 年	李　谔	知州
		1498 年	平　度	知州
		1498 年	官　贤	知州
		1499 年	陈　罐	知州
		1503 年	李梦龙	知州

续表

朝代	政级	时间	姓名	职位
明		1504 年	徐光祚	知州
		1506 年	忽　忠	知州
		1510 年	邢野亨	知州
		1516 年	周邦祚	知州
		1518 年	王　琼	知州
		1520 年	倪　玑	知州
		1522 年	乔　木	知州
		1522 年	张　达	知州
		1529 年	韩　选	知州
		1529 年	徐延德	知州（定国公）
		1531—1533 年	姬　鹏	知州
		1531—1533 年	郭　骥	知州
		1533 年	王　诏	知州
		1536 年	冯宗龙	知州
		1538 年	苏　清	知州
		1538 年	闫　璋	知州
		1538—1540 年	朱　珍	知州
		1543 年	王仪凤	知州
		1546 年	吴梦阳	知州
		1547—1548 年	郑天行	知州

续表

朝代	政级	时间	姓名	职位
明		1551 年	肖试进	知州
		1554 年	任大和	知州
		1556 年	赵　链	知州
		1557 年	朱　凤	知州
		1559 年	黄士谦	知州
		1562 年	黄　浩	知州
		1562 年	钱进学	知州
		1563 年	郑维馨	知州
		1564 年	强　书	知州
		1566 年	潘志伊	知州
		1566 年	余　鹏	知州
		1568 年	张士烈	知州
		1568 年	徐文璧	知州
		1570 年	魏宗芳	知州
		1572 年	韩希龙	知州
		1576 年	王　录	知州
		1579 年	杜济时	知州
		1584 年	袁之震	知州
		1586 年	唐详兴	知州
		1591 年	杨　现	知州
		1592 年	彭天补	知州
		1597 年	张　熔	知州
		1601 年	张邦贵	知州
		1602 年	屈受善	知州

续表

朝代	政级	时间	姓名	职位
明		1607 年	董嘉谟	知州
		1608 年	刘　悉	知州
		1613 年	赵士隆	知州
		1618 年	沈延英	知州
		1622 年	田于野	知州
		1625 年	陈新甲	知州
		1628 年	王都英	知州
		1628 年	史继赓	知州
		1630 年	徐允祯	知州（定国公）
		1633 年	杨泰祯	知州
		1635 年	张端仁	知州
		1637 年	胡震亨	知州
		1637 年	尚　衍	知州
		1643 年	唐　铉	知州
		1643 年	张淑俊	知州
清		1644 年	郭正奇	知州
		1645 年	张鹏翼	知州
		1646 年	邱万化	知州
		1648 年	张　仲	知州
		1640 年	王承祚	知州
		1641 年	刘元辅	知州
		1641 年	王宏仁	知州
		1641 年	齐赞枢	知州

续表

朝代	政级	时间	姓名	职位
清		1659—1660 年	雷应时	知州
		1662 年	王　令	知州
		1665 年	刘芳标	知州
		1667 年	董大信	知州
		1670 年	黄开运	知州
		1679 年	邓天栋	知州
		1682 年	泰生镜	知州
		1689 年	王朝佐	知州
		1697 年	于　珽	知州
		1700 年	韩逢庥	知州
		1707 年	甘国珽、何瑞谰	知州
		1724 年	余姚、张禹锡	知州
		1727 年	王大年	知州
		1727 年	程　询	知州
		1745 年	毛览辉	知州
		1754 年	姚立德	知州
		1762 年	郭连奎	知州
		1764 年	沈鸣皋	知州
		1774 年	孔传瀛	知州
		1778 年	孙景曾	知州
		1783 年	朱大基	知州
		1784 年	李宪宜	知州
		1789 年	郭守璞	知州

续表

朝代	政级	时间	姓名	职位
清		1796 年	刘兆青	知州
		1791—1798 年	张鳞书	知州
		1806 年	薛学诗	知州
		1811 年	张孔源	知州
		1817 年	袁　俊	知州
		1825 年	万鼎洋	知州
		1827 年	黄克昌	知州
		1831 年	包　骙	知州
		1832 年	王仲槐	知州
		1845 年	宝　琳	知州
		1853 年	王榕吉	知州
		1868 年	汪鸣和	知州
		1868 年	陈崇迪	知州
		1871 年	陈庆滋	知州
		1873 年	李　璋	知州
		1884 年	陈庆滋	知州
		1885 年	徐庆铨	知州
		1889 年	熊　寿	知州
		1889 年	高建勋	知州
		1891 年	孙传式	知州
		1893 年	徐庆铨	知州
		1895 年	徐铭勋	知州
		1898 年	王守坤	知州

续表

朝代	政级	时间	姓名	职位
清		1900 年	朱乃贡	知州
		1901 年	陈鹏保	知州
		1901 年	金　永	知州
		1902 年	郑崧生	知州
		1902 年	王忠荫	知州
		1903 年	朱乃恭	知州
		1905 年	重　燠	知州
		1905 年	吴同栋	知州
		1906 年	续　绵	知州
		1907 年	陈燕昌	知州
		1910 年	周和鼎	知州
		1911 年	林标康	知州

参考文献

[1] 司马迁．史记［M］．北京：中华书局，1959.
[2] 范晔．后汉书［M］．北京：中华书局，1965.
[3] 房玄龄．晋书［M］．北京：中华书局，1974.
[4] 刘昫．旧唐书［M］．北京：中华书局，1975.
[5] 欧阳修，宋祁．新唐书［M］．北京：中华书局，1975.
[6] 赵岩．中国全史．北京：时代文艺出版社，2003.
[7] 赵岩．中国通史．北京：时代文艺出版社，2003.
[8] 司马光．资治通鉴［M］．北京：中华书局，1956.
[9] 王桐龄．中国民族史［M］．长春：吉林出版集团有限责任公司，2010.
[10] 冯梦龙，蔡元放．东周列国志［M］．北京：中国书籍出版社，2016.
[11] 王先谦．鲜虞中山国事表疆域图说［M］．上海：上海古籍出版社，1993.
[12] 顾祖禹．读史方舆纪要［M］．北京：中华书局，2005.
[13] 吴楚材、吴调侯．古文观止［M］．北京：民主与建设出版社，2020.
[14] 郦道元．水经注［M］．北京：团结出版社，2022.
[15] 高连欣．管子传［M］．石家庄：花山文艺出版社，1995.
[16] 张守中，郑名桢，刘来成．河北省平山县战国时期中山国墓葬发掘简报［J］．文物，1979（1）：1—31.
[17] 政协石家庄市委员会．石家庄历史文化精华［M］．北京：中国对外翻译出版公司，1997.
[18] 李文龙．保定境内战国中山长城调查记［J］．文物春秋，2001（1）：44-52+58.
[19] 段连勤．北狄族与中山国［M］．桂林：广西师范大学出版社，2007.
[20] 程雪莉．故国中山［M］．石家庄：花山文艺出版社出版，2009.